Alfabetização e letramento na educação especial

O selo DIALÓGICA da Editora InterSaberes faz referência às publicações que privilegiam uma linguagem na qual o autor dialoga com o leitor por meio de recursos textuais e visuais, o que torna o conteúdo muito mais dinâmico. São livros que criam um ambiente de interação com o leitor – seu universo cultural, social e de elaboração de conhecimentos –, possibilitando um real processo de interlocução para que a comunicação se efetive.

Alfabetização e letramento na educação especial

Ana Paula Xisto Costa Lima

Renata Burgo Fedato

EDITORA intersaberes

Rua Clara Vendramin, 58 . Mossunguê . CEP 81200-170 . Curitiba . PR . Brasil
Fone: (41) 2106-4170 . www.intersaberes.com . editora@editoraintersaberes.com.br

Conselho editorial
Dr. Ivo José Both (presidente)
Drª Elena Godoy
Dr. Neri dos Santos
Dr. Ulf Gregor Baranow

Editora-chefe
Lindsay Azambuja

Gerente editorial
Ariadne Nunes Wenger

Preparação de originais
Cezak Shoji Serviços Editoriais

Edição de texto
Floresval Nunes Moreira Junior
Tiago Krelling Marinaska

Capa e projeto gráfico
Bruno Palma e Silva (*design*)
Kuzina Natali/Shutterstock
(imagem de capa)

Diagramação
Fabio V. da Silva

Equipe de *design*
Charles L. da Silva
Iná Trigo

Iconografia
Sandra Lopis da Silveira
Regina Claudia Cruz Prestes

Dados Internacionais de Catalogação na Publicação (CIP)
(Câmara Brasileira do Livro, SP, Brasil)

Lima, Ana Paula Xisto Costa
  Alfabetização e letramento na educação especial/Ana Paula Xisto Costa Lima, Renata Burgo Fedato. Curitiba: InterSaberes, 2020. (Série Pressupostos da Educação Especial)

  Bibliografia.
  ISBN 978-65-5517-007-8

  1. Alfabetização 2. Educação especial 3. Educação inclusiva 4. Letramento I. Fedato, Renata Burgo. II. Título III. Série.

20-34111   CDD-370.72

Índices para catálogo sistemático:
1. Alfabetização e letramento: Educação   370.72
   Maria Alice Ferreira – Bibliotecária – CRB-8/7964

1ª edição, 2020.

Foi feito o depósito legal.

Informamos que é de inteira responsabilidade das autoras a emissão de conceitos.

Nenhuma parte desta publicação poderá ser reproduzida por qualquer meio ou forma sem a prévia autorização da Editora InterSaberes.

A violação dos direitos autorais é crime estabelecido na Lei n. 9.610/1998 e punido pelo art. 184 do Código Penal.

Sumário

7   *Apresentação*
9   *Como aproveitar ao máximo este livro*

Capítulo 1
15   **Aspectos históricos da educação especial no Brasil**
16   1.1 Panorama histórico da educação especial no Brasil
27   1.2 O que se entende por educação inclusiva?
33   1.3 Educação especial e a Declaração de Salamanca

Capítulo 2
49   **Educação especial no contexto da educação inclusiva**
50   2.1 Inclusão e educação: a sociedade inclusiva
53   2.2 Modalidades de aprendizagem e estilos de aprendizagem
65   2.3 Tecnologias educacionais
70   2.4 Organização curricular: currículo e o projeto político-pedagógico (PPP) na diversidade

Capítulo 3
81   **Concepções de alfabetização e letramento**
82   3.1 Alfabetizar e letrar: estudos de algumas concepções
89   3.2 Fundamentos teóricos dos métodos de alfabetização e letramento
93   3.3 Processos históricos de construção de leitura e escrita
106   3.4 Função social da escrita
110   3.5 Formação continuada do professor alfabetizador

Capítulo 4

- 119 **Professor e escola: seguindo a mesma direção**
- 120 4.1 Crianças com deficiência, transtorno global do desenvolvimento (TGD) e altas habilidades/superdotação
- 132 4.2 Práticas pedagógicas: mediações possíveis e necessárias
- 140 4.3 Papel do professor mediador no processo de alfabetização e letramento
- 145 4.4 Produção de materiais didáticos para alfabetização e letramento na perspectiva da educação inclusiva
- 148 4.5 Escola e professor: ressignificando o papel da escola

Capítulo 5

- 161 **Práticas pedagógicas voltadas para alfabetização e letramento**
- 162 5.1 Adaptações de atividades
- 172 5.2 Atividades de leitura e escrita
- 183 5.3 Jogos e atividades ludopedagógicas no desenvolvimento do raciocínio lógico
- 191 5.4 Recursos pedagógicos diversificados aos estilos de aprendizagem
- 212 5.5 Tecnologias assistivas e comunicação aumentativa e alternativa

- 231 *Considerações finais*
- 233 *Referências*
- 253 *Bibliografia comentada*
- 257 *Anexos*
- 267 *Respostas*
- 269 *Sobre as autoras*

Apresentação

Alfabetização, letramento e inclusão estão presentes em nossas vidas há muito tempo; assim, discutir as deficiências, os processos de inclusão e suas diferenciações quando tratamos de integração e políticas relacionadas às pessoas com deficiência é imprescindível à formação crítica e atuante de todos os profissionais que visam à relação dialética com a sociedade.

Concebemos este livro como uma ferramenta para estudantes e profissionais da área da educação, a fim de que possam repensar suas práticas pedagógicas, seus desenvolvimentos e as articulações necessárias ao processo de inclusão referentes às práticas de alfabetização e letramento. Assim, nosso foco nesta obra é ressaltar a importância da inclusão, juntamente aos processos da linguagem e da escrita, bem como nas práticas e reestruturações do dia a dia nas escolas, especificamente nas salas de aula.

Para começar, no Capítulo 1, apresentamos um breve histórico da educação especial no Brasil, esclarecendo as diferenças entre educação inclusiva e educação especial. Na sequência, comentamos sobre as políticas públicas vigentes que contribuem para a prática pedagógica, bem como a respeito dos avanços nessa área graças ao respaldo na legislação que apoia a inclusão.

No Capítulo 2, apresentamos as discussões sobre os processos de inclusão e integração, que atualmente se diferenciam graças à retomada do debate político e a constantes pesquisas na área sobre os direitos à educação e participação na sociedade e as deficiências nesse processo. Em seguida, propomos reflexões sobre a importância da família no processo de alfabetização e letramento e o reflexo disso na atuação da criança na escola e, como consequência, na sociedade.

No Capítulo 3, introduzimos as concepções de alfabetização e letramento necessárias para a compreensão das práticas de leitura referentes aos alunos que integram o processo de inclusão, bem como abordamos os diferentes métodos de alfabetização e letramento.

No Capítulo 4, esclarecemos as diferenças entre crianças com deficiências e crianças com necessidades educacionais especiais, bem como delineamos o papel do professor como mediador do processo de aprendizagem desses alunos e a necessidade constante de formação docente. Também destacamos a importância da adaptação curricular e da estrutura física da escola. Em seguida, elencamos os recursos necessários para atender a alunos portadores de todos os tipos de deficiência.

No Capítulo 5, tratamos de aspectos práticos, apresentando sugestões de jogos e atividades lúdicas que podem auxiliar o professor no processo de alfabetização e letramento de alunos da educação especial. Além disso, salientamos a importância do uso das tecnologias assistivas na formação de alunos com necessidades especiais.

Por meio do conjunto de temas que exploramos ao longo desses cinco capítulos, pretendemos que você se familiarize com conceitos, leis e metodologias importantes na área da educação especial e inclusiva e que, ao mesmo tempo, amplie sua prática pedagógica relacionada ao ensino e à aprendizagem da língua escrita e falada para alunos com deficiência.

Como aproveitar ao máximo este livro

Empregamos nesta obra recursos que visam enriquecer seu aprendizado, facilitar a compreensão dos conteúdos e tornar a leitura mais dinâmica. Conheça a seguir cada uma dessas ferramentas e saiba como elas estão distribuídas no decorrer deste livro para bem aproveitá-las.

Introdução do capítulo

Logo na abertura do capítulo, informamos os temas de estudo e os objetivos de aprendizagem que serão nele abrangidos, fazendo considerações preliminares sobre as temáticas em foco.

Indicações culturais

Para ampliar seu repertório, indicamos conteúdos de diferentes naturezas que ensejam a reflexão sobre os assuntos estudados e contribuem para seu processo de aprendizagem.

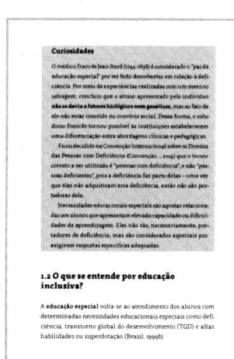

Curiosidades

Nestes boxes, apresentamos informações complementares e interessantes relacionadas aos assuntos expostos no capítulo.

Preste atenção!

Apresentamos informações complementares a respeito do assunto que está sendo tratado.

Para refletir

Aqui propomos reflexões dirigidas com base na leitura de excertos de obras dos principais autores comentados neste livro.

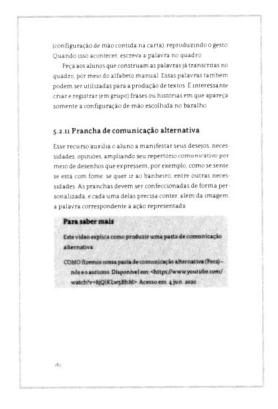

Para saber mais

Sugerimos a leitura de diferentes conteúdos digitais e impressos para que você aprofunde sua aprendizagem e siga buscando conhecimento.

Síntese

Ao final de cada capítulo, relacionamos as principais informações nele abordadas a fim de que você avalie as conclusões a que chegou, confirmando-as ou redefinindo-as.

Atividades de autoavaliação

Apresentamos estas questões objetivas para que você verifique o grau de assimilação dos conceitos examinados, motivando-se a progredir em seus estudos.

Atividades de aprendizagem

Aqui apresentamos questões que aproximam conhecimentos teóricos e práticos a fim de que você analise criticamente determinado assunto.

Bibliografia comentada

Nesta seção, comentamos algumas obras de referência para o estudo dos temas examinados ao longo do livro.

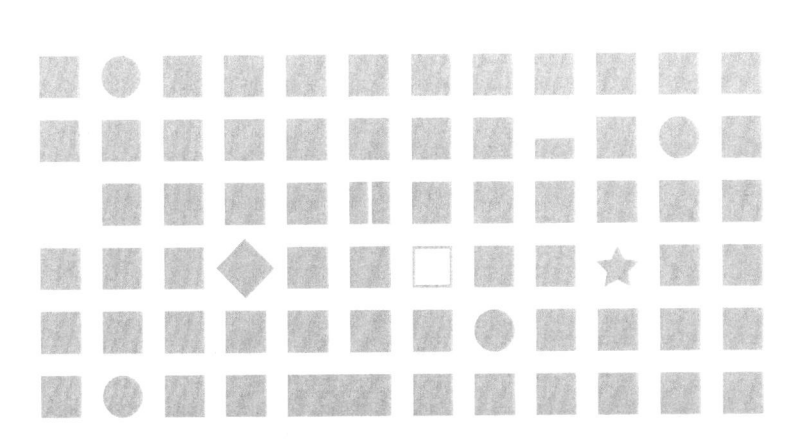

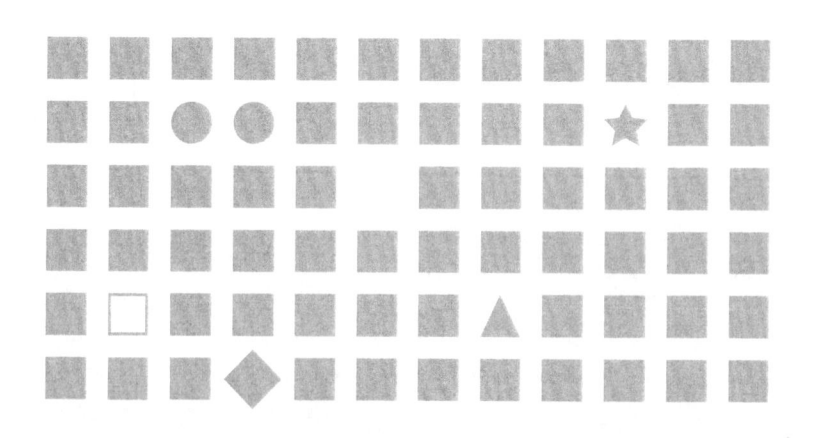

Capítulo 1
Aspectos históricos da educação especial no Brasil

Ana Paula Xisto Costa Lima

Neste capítulo apresentaremos os aspectos históricos da educação especial no Brasil e destacaremos a importância da Declaração de Salamanca como um documento destinado à compreensão da inclusão. Abordaremos também as diferentes versões da Lei de Diretrizes e Bases (LDB) no que se refere às mudanças destinadas à educação especial. Comentaremos brevemente as diferenças entre os conceitos de segregação, integração e inclusao, de modo a demonstrar que a educação inclusiva é um direito de todos.

Por fim, discorreremos sobre os conceitos atuais de educação especial e de educação inclusiva, assim como apresentaremos as conquistas de ambas ao longo dos anos. Nesse panorama, você deve entender que a alfabetização e o letramento devem estar pautados num currículo flexível, planejado e que respeite a diversidade.

1.1 Panorama histórico da educação especial no Brasil

Falar sobre a educação especial no Brasil implica considerar seu panorama histórico e a política educacional proposta para a área nos últimos anos pelo Governo Federal.

Inserida em um contexto de educação inclusiva, a educação especial fundamenta-se na concepção dos direitos humanos, assegurando a todos a igualdade de condições para o acesso e a permanência na escola e rejeitando qualquer tipo de discriminação, um princípio que também está garantido em nossa Constituição Federal de 1988, nos artigos 205 e 206, inciso I.

Para compreendermos a realidade escolar e as legislações vigentes, é necessário primeiramente analisarmos e conhecermos o contexto de formação da educação brasileira.

Quando analisamos os fatos no decorrer da história, percebemos que o modelo educacional voltado às pessoas com deficiência sofreu muitas mudanças, pois por muitos anos as políticas educacionais fundamentaram-se em uma concepção assistencialista e filantrópica[1] e hoje fazem parte de um processo que está em constante construção, articulado com a concepção de um novo olhar para a inclusão (Jannuzzi, 1992).

Você já se questionou, conversou com amigos ou familiares sobre como foram tratadas, ao longo da história, as pessoas que nasciam com alguma deficiência? Como eram acolhidas? Antigamente eram aceitas na sociedade com naturalidade? Esse panorama se modificou na atualidade?

Saiba que o tema *inclusão* nem sempre esteve presente na vida dos excluídos.

Por isso, é muito importante atualmente a capacitação constante dos professores para atender a "todos os alunos" em sala de aula, conhecendo os direitos e leis que promovem a inclusão de todos na sociedade, em especial no ambiente escolar. Além disso, a participação da sociedade e das famílias dos alunos

---

[1] Na época, o atendimento ofertado às pessoas com deficiência não tinha fins lucrativos, por isso era de caráter assistencialista e filantrópico.

com deficiências e necessidades educacionais especiais[2] é muito importante no processo de inclusão.

Figura 1.1 – Exemplo de inclusão em sala de aula

FoxyImage/Shutterstock

Há muitos questionamentos relevantes que podem pautar as discussões sobre o tema da educação especial na perspectiva inclusiva. Por exemplo: "Como incluir a todos respeitando a diversidade?"; "Você sabia que a compreensão do significado de segregação, de integração e de inclusão muda o contexto de atendimento educacional?". No decorrer das páginas desta obra, buscaremos responder essas e outras perguntas.

---

2 Queremos deixar bem claro que alunos com necessidades educacionais especiais são aqueles que por algum motivo requerem certa adaptação curricular, não se tratando necessariamente de pessoas com deficiência. Entenda por *alunos com necessidades educacionais especiais*: os deficientes, os que apresentam transtorno global do desenvolvimento (TGD), os superdotados ou, ainda, aqueles que por alguma outra razão necessitam de adaptação no currículo, de forma definitiva ou temporária.

Outra questão fundamental para nossa reflexão é como planejar ações estratégicas para promover o envolvimento da família, em parceria com a escola, em busca de uma escola inclusiva de qualidade para todos.

1.1.1 Breve resgate: histórico da educação especial

Os primeiros registros da educação especial no Brasil datam da segunda metade do século XIX. Antes desse período, as pessoas que apresentavam alguma deficiência – os chamados *deficientes* ou *excepcionais* – eram, em geral, abandonados e negligenciados pela sociedade e, muitas vezes, até pela própria família. A educação para as pessoas com deficiência era oferecida apenas por algumas instituições especializadas ou por escolas anexas aos hospitais psiquiátricos da época, com caráter assistencial e filantrópico.

Esse primeiro momento da educação especial foi caracterizado pela ideia de *segregação* (que visava inserir os indivíduos num espaço sem se preocupar em criar as condições adaptadas para ele). Já na década de 1960, ocorreu um aumento no número de instituições especializadas no atendimento de pessoas com deficiência.

Você sabe qual é a diferença entre os termos *segregação, integração, exclusão* e *inclusão*?

> A **segregação** visa inserir indivíduos diferentes num espaço sem criar condições adaptadas para eles.
>
> A **integração** acolhe as pessoas "com deficiência" no mesmo espaço, porém considerando-as diferentes e especiais.
>
> A **exclusão** priva os indivíduos de participar de determinado grupo.
>
> A **inclusão** acolhe respeitando a diversidade.

A Figura 1.2 esquematiza cada uma dessas situações.

Figura 1.2 – Diferenças entre segregação, integração, exclusão e inclusão

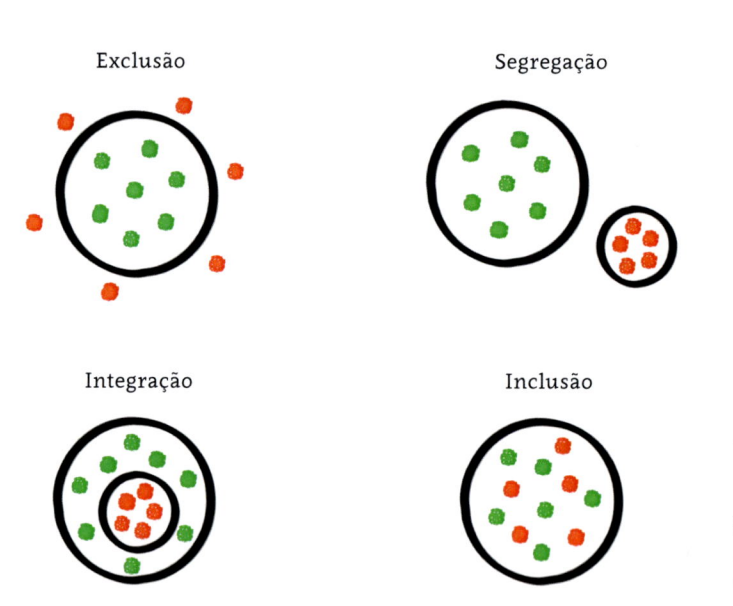

Exclusão Segregação

Integração Inclusão

Zerbor/Shutterstock

Por meio dessa imagem percebemos que a inclusão é incondicional, isto é, deve incluir todos, sem discriminação. Quando conhecemos a história dos deficientes no Brasil, fica mais fácil compreendermos os fatos apresentados nos dias atuais. O tratamento que se dava no país a pessoas com deficiência até meados do século XIX era diretamente influenciado por informações sobre costumes praticados na Europa, onde ainda era comum o abandono de crianças com deficiência nas ruas, portas de conventos e igrejas. Em situação de abandono, essas crianças muitas vezes acabavam devoradas por cães ou morriam de frio, fome ou sede. Práticas como separação, extermínio e exclusão eram motivadas pela própria sociedade, que ditava os parâmetros de uma suposta "normalidade" e, assim, estigmatizava e rotulava como excepcionais, retardados ou deficientes aqueles que não se enquadravam em padrões ditos aceitáveis.

Você já ouviu falar na "roda dos expostos"? Ela foi criada em Portugal em 1498 e foi instituída no Brasil entre os séculos XVIII e XIX em conventos das cidades do Rio de Janeiro, São Paulo e Salvador. Tratava-se de uma espécie de cilindro oco que girava em torno do próprio eixo, e nelas eram colocadas crianças rejeitadas pelas famílias.

Essas crianças eram então acolhidas e cuidadas por religiosas, iniciando assim um processo informal de institucionalização e cuidados às pessoas com deficiência.

Com o passar do tempo, a educação especial passou a ser ofertada por instituições especializadas:

> No Brasil, o atendimento às pessoas com deficiência teve início na época do Império, com a criação de duas instituições: o Imperial Instituto dos Meninos Cegos, em 1854, atual Instituto Benjamin Constant – IBC, e o Instituto dos Surdos-Mudos, em 1857, conhecido como Instituto Nacional da Educação dos Surdos – INES, ambos no Rio de Janeiro.

É fundado também o Instituto Pestalozzi (1926), no início do século XX, uma instituição especializada no atendimento às pessoas com deficiência mental; em 1954, é fundada a primeira Associação de Pais e Amigos dos Excepcionais – APAE; e, em 1945, é criado o primeiro atendimento educacional especializado às pessoas com superdotação na Sociedade Pestalozzi, por Helena Antipoff. (Brasil, 2010, p. 2)

Com isso, você pode perceber que não é impossível realizar avanços no que se refere à educação especial no Brasil ou em outro país sem o respaldo de uma legislação específica e de políticas públicas, que trabalhem para garantir os direitos e deveres na efetivação de uma sociedade inclusiva. No entanto, aos poucos o governo passou a voltar seu olhar para as pessoas com necessidades especiais e a implementar leis que garantissem seus direitos.

> "A educação é direito de todos e dever do Estado e da família" (Brasil, 1988, Cap. III, Da Educação, da Cultura e do Desporto, art. 205).
> "O dever do Estado para com a educação será efetivado mediante a garantia de:
> [...]
> III – atendimento educacional especializado aos portadores de deficiência, preferencialmente na rede regular de ensino" (Brasil, 1988, art. 208).

Até a década de 1980 foram implantadas políticas públicas para a educação especial, porém ainda de forma desarticulada, dificultando a escolarização efetiva das pessoas com deficiência.

Depois de muitas lutas e leis que apoiaram as pessoas com deficiência, surgiu a **educação especial**. No entanto, a educação inclusiva ganhou espaço somente depois de aprovada a Declaração de Salamanca (Unesco, 1994), a LDBEN, de 1996, e a Constituição de 1988.

Então, em meados de 1990, as discussões sobre a inclusão escolar começaram a se efetivar, marcadas por um olhar mais direcionado ao deficiente e voltadas à sua inserção na escola e na sociedade:

> Em 1994, é publicada a Política Nacional de Educação Especial, orientando o processo de "integração instrucional", que condiciona o acesso às classes comuns do ensino regular àqueles que "[...] possuem condições de acompanhar e desenvolver as atividades curriculares programadas do ensino comum, no mesmo ritmo que os alunos ditos normais" [...]. Ao reafirmar os pressupostos construídos a partir de padrões homogêneos de participação e aprendizagem, a Política não provoca uma reformulação das práticas educacionais de maneira que sejam valorizados os diferentes potenciais de aprendizagem no ensino comum, mas mantendo a responsabilidade da educação desses alunos exclusivamente no âmbito da educação especial. (Brasil, 2007, p. 3)

Segundo a Resolução CNE/CEB n. 2, de 11 de setembro de 2001, a educação especial promove a integração dos alunos na escola regular de ensino com o objetivo de apoiar, complementar e suplementar, mas ressalta que ela pode ter um caráter substitutivo, em relação à escola regular, para alguns casos:

Art. 3º Por *educação especial*, modalidade da educação escolar, entende-se um processo educacional definido em uma proposta pedagógica, que assegure recursos e serviços educacionais especiais, organizados institucionalmente para apoiar, complementar, suplementar e, em alguns casos, substituir os serviços educacionais comuns, de modo a garantir a educação escolar e promover o desenvolvimento das potencialidades dos educandos que apresentam necessidades educacionais especiais, em todas as etapas e modalidades da educação básica. (Brasil, 2001b, grifo do original)

Nesse contexto de políticas públicas e educação especial e inclusiva, acrescenta-se que

De longa data, a educação nacional vem mostrando o quanto necessita de mudanças para atender a todos os alunos, garantindo o desenvolvimento escolar destes, e como nesse sentido, a vontade política para enfrentar um programa em favor das transformações de qualidade tem sido preferida pela opção por políticas que a um custo que não exija ampliação significativa da participação da educação na renda nacional e no orçamento público, privilegiam intervenções que tem sido compensatórias ou orientadoras para ações que possam mostrar números indicativos e maior acesso e permanência dos alunos no sistema escolar. (Ferreira; Ferreira, 2004, p. 33)

Durante esse período observou-se o crescimento do número de alunos que eram considerados "problema" nas escolas e classes especiais, mas que, na verdade, não precisariam estar ali, pois por muito tempo foram considerados "deficientes mentais" os alunos indisciplinados, aqueles que apresentavam dificuldades na aprendizagem ou então algum outro problema que os desviava dos padrões esperados pela sociedade.

Se pensarmos que a educação tem papel essencial na ampliação do processo de socialização das pessoas, entenderemos o quanto é importante e necessário que o ambiente escolar ofereça ao aluno um convívio pautado pelo respeito, pela dignidade e pela autonomia. Assim, acreditamos na ideia de que a inclusão deve acontecer em escolas de ensino regular, com o apoio necessário dessa instituição, da família e da comunidade.

Durante todo esse tempo, as leis que foram aprovadas também fizeram menções à educação especial e inclusiva, dispondo sobre a igualdade de condições de acesso ao ensino e sobre a permanência de todos na escola (Brasil, 1988, art. 206, I; art. 208, III).

Por volta da década de 1970, no Brasil, contrapondo-se à ideia de segregação, o conceito de normalização, definido pela Política Nacional de Educação Especial (Brasil, 1994b, p. 22), defendia que as pessoas com deficiência deveriam ter condições de levar uma vida normal:

> Princípio que representa a base filosófico-ideológica da integração. Não se trata de normalizar as pessoas, mas sim o contexto em que se desenvolvem, ou seja, oferecer, aos portadores de necessidades especiais, modos e condições de vida diária o mais semelhante possível às formas e condições de vida do resto da sociedade.

Assim, podemos constatar pelo exposto até aqui que as discussões sobre a integração das pessoas com deficiência na sociedade tomaram grandes proporções na década de 1970, porém foi na de 1980 e, especialmente, na de 1990 que a prática de integração se efetivou com orientações contidas nas leis a favor da pessoa com deficiência.

Percebemos que já existia a preocupação em oferecer às pessoas com deficiência um ambiente com os mesmos recursos e oportunidades oferecidos aos demais alunos, para evitar o sistema de segregação.

Além disso, é possível verificar que a educação especial se encontra integrada com a escola e todo o sistema educacional, compartilhando suas limitações e seus objetivos em busca de formar cidadãos autônomos que participem da sociedade.

Muitas foram as conquistas alcançadas na educação especial das leis anteriormente citadas, porém, para que elas sejam efetivadas, é preciso que toda a sociedade participe.

Veja, no Anexo 1, uma coletânea de fragmentos de documentos (leis, portarias, avisos, resoluções e decretos) que fazem parte da história e das conquistas da educação especial. Observe que eles são fundamentais para a compreensão do sistema de inclusão e atendimento aos alunos com deficiência.

Recentemente, a política de educação especial passou por um processo de atualização. Conforme divulgado no portal do Ministério da Educação (MEC)[3], no dia 16 de abril de 2018 foi realizada uma reunião nacional com importantes entidades envolvidas na promoção da educação especial.

---

[3] Para ler essa notícia na íntegra, acesse, no *site* do MEC, a matéria "Política de educação especial deverá passar por atualização", pelo *link*: <http://portal.mec.gov.br/ultimas-noticias/202-264937351/62961-politica-de-educacao-especial-devera-passar-por-atualizacao>. Acesso em: 27 maio 2020.

Curiosidades

O médico francês Jean Itard (1744-1838) é considerado o "pai da educação especial" por ter feito descobertas em relação à deficiência. Por meio de experiências realizadas com um menino selvagem, concluiu que o atraso apresentado pelo indivíduo **não se devia a fatores biológicos nem genéticos,** mas ao fato de ele não estar inserido no convívio social. Dessa forma, o estudioso francês tornou possível às instituições estabelecerem uma diferenciação entre abordagens clínicas e pedagógicas.

Ficou decidido na Convenção Internacional sobre os Direitos das Pessoas com Deficiência (Convenção..., 2014) que o termo correto a ser utilizado é "pessoas com deficiência", e não "pessoas deficientes", pois a deficiência faz parte delas – uma vez que elas não adquiriram essa deficiência, então não são portadoras dela.

Necessidades educacionais especiais são aquelas relacionadas aos alunos que apresentam elevada capacidade ou dificuldades de aprendizagem. Eles não são, necessariamente, portadores de deficiência, mas são considerados especiais por exigirem respostas específicas adequadas.

1.2 O que se entende por educação inclusiva?

A **educação especial** volta-se ao atendimento dos alunos com determinadas necessidades educacionais especiais como deficiência, transtorno global do desenvolvimento (TGD) e altas habilidades ou superdotação (Brasil, 1999b).

Algumas escolas se dedicam a apenas um tipo de necessidade, enquanto outras se voltam a diferentes necessidades educativas especiais.

As instituições que defendem a **educação inclusiva**, por sua vez, fundamentam-se em um princípio mais amplo: o de que a escola tem como objetivo acolher a todos, promovendo o desenvolvimento e a aprendizagem de todos. Podemos afirmar que é um movimento mundial em respeito ao ser humano.

Se pararmos para pensar, reconheceremos que a escola para todos possibilita a inclusão universal, porém, para os alunos com deficiência e necessidades educativas especiais, ela se apresenta como um caminho de desafios a serem superados. Isso acontece tanto na escola pública como na rede privada, pois o sistema educacional ainda está se organizando para atender a todos os alunos.

Considerando o contexto democrático, toda escola deve ser inclusiva, buscando uma educação igualitária e de qualidade para todos, independentemente de classes sociais ou raças, da presença ou ausência de deficiências (bem como de TGD ou altas habilidades ou superdotação) ou de qualquer outro motivo que possa excluir alunos.

Um dos princípios da educação inclusiva é o acesso à educação como um direito incondicional de todo ser humano, de modo a promover aos alunos a garantia de uma escola de qualidade e que acolha a diversidade e as múltiplas formas de aprender, bem como a busca por uma pedagogia que atenda às diferenças e se ajuste às necessidades individuais de cada aluno.

A educação inclusiva muitas vezes é vista como sinônimo de educação especial, o que é um grande equívoco. A educação especial surgiu para atender às crianças com deficiências ou limitações, pois, na época da criação dessa abordagem educacional, acreditava-se que a escola regular não estava preparada para prestar-lhes serviço adequado.

Sabemos que ainda existem escolas que oferecem atendimento específico a essas crianças, como é o caso da Associação de Pais e Amigos dos Excepcionais (Apae) e de escolas que recebem alunos com deficiências mais severas e que, por esse motivo, necessitam de um atendimento individualizado. Curitiba conta com a Escola de Educação Especial Vivian Marçal, que dispõe de uma equipe de profissionais como fonoaudiólogos e terapeutas ocupacionais para prestar atendimento especializado a pessoas com deficiência, com o objetivo de incluí-las em seu meio social.

Ainda é possível verificar escolas de educação especial por todo o mundo, sejam elas de frequência diária, sejam regulares, internatos ou pequenas unidades ligadas à rede de ensino regular. No Brasil, conforme metas estabelecidas pelo Governo Federal, a proposta é de que todos os alunos estudem em uma "escola com todos" e contem com o apoio de profissionais da educação especial.

Tanto a educação inclusiva quanto a especial apresentam-se como uma construção permanente e tratam de um desafio inevitável para uma educação em busca do direito ao conhecimento para todos.

Sabemos que o processo de inclusão implica oferecer condições físicas, pedagógicas e sociais para que todos os alunos tenham acesso a uma educação de qualidade, exercendo seu papel de cidadãos, com oportunidades de aprendizagens que possam inseri-los na sociedade. Entretanto, existem no Brasil muitas crianças com deficiência e necessidades educativas especiais nas salas de aula comuns do ensino regular que, apesar de apresentarem dificuldades principalmente no processo de aquisição da escrita, concluem o ensino fundamental sem estarem devidamente alfabetizadas.

Se considerarmos efetivamente a perspectiva inclusiva, devemos olhar para essas crianças acreditando em suas potencialidades e instigando-as a exercer todas as suas capacidades. Afinal, todos os alunos precisam ser incentivados para que exerçam e desenvolvam suas capacidades cognitivas, por meio de atividades que tenham significado para eles e que possam ser usadas fora do ambiente escolar.

Sabemos que a inclusão é um tema desafiador para toda a sociedade, mas compartilhamos da ideia de que todos os alunos com deficiência ou necessidades especiais devem ter as mesmas oportunidades e a chance de conquistar seu espaço na sociedade estudando na rede regular de ensino, recebendo, para isso, um atendimento educacional especializado (AEE), eliminando, dessa forma, a exclusão social.

Em meio a esse grande desafio, existem outros, como o atual panorama da **alfabetização** e do **letramento** na educação especial, processos desafiadores que ora se apresentam à escola, aos professores e a todos os envolvidos na arte de educar. Esse trabalho tem respaldo na legislação brasileira, bem como em estudos de Magda Soares, e orienta para o desenvolvimento de um trabalho pedagógico nos anos iniciais que envolva tanto o alfabetizar quanto o letrar de todos os alunos, com um olhar inclusivo, respeitando a diversidade.

Em pesquisas da alfabetizadora Magda Soares (2017) e nos documentos publicados pelo MEC entre 2007 e 2010 em relação à alfabetização e ao letramento, encontramos o termo *alfabetização* compreendido como a capacidade individual de aquisição da leitura e da escrita e *letramento* como a prática social dessa aquisição. Tal prática de leitura e escrita envolve a compreensão da língua em sua função social, por meio de sua utilização nos variados ambientes sociais.

Sendo assim, a escola precisa valorizar tanto o letramento quanto a alfabetização de seus alunos. Esse processo de alfabetizar letrando[4] deve ser estendido a todos os alunos, sem distinção.

Magda Soares (2017) apresenta em suas obras a importância da alfabetização e do letramento, inseridos em um contexto de uso das práticas de leitura e escrita presentes na sociedade, defendendo a vivência dessas práticas em sala de aula como fator fundamental.

Entendemos que somente o acesso ao mecanismo da escrita não é suficiente para o indivíduo participar efetivamente da sociedade; é preciso que, além de ser alfabetizado, ele saiba fazer uso da leitura e da escrita nos contextos sociais em que circula.

Nesse sentido, ressaltamos a importância de planejarmos conteúdos e atividades a serem trabalhados em sala de aula de modo a facilitar o convívio social do aluno fora do ambiente escolar. Você já pensou, por exemplo, na importância de se conhecer cada aluno para a proposição de atividades adequadas a eles conforme suas dificuldades e seus avanços, de maneira individual, personalizada?

---

[4] A expressão *alfabetizar letrando* é encontrada nas obras de Magda Soares (2017), quando orienta o aprendizado da leitura e da escrita por meio de práticas reais.

Nesse contexto, pensarmos em uma educação inclusiva pressupõe considerarmos a inclusão de todos os alunos em uma sala de aula, sem discriminações. Apresentar propostas inclusivas e refletir sobre as questões específicas da alfabetização e do letramento na educação especial e inclusiva é fundamental para que todos os alunos aprendam a ler e a escrever.

Ao elaborarmos um planejamento com ações diversificadas em todas as áreas do conhecimento, favorecemos a alfabetização, ampliando assim a experiência cultural de todos. Sabemos que cada aluno é único, e pensar em estratégias diferenciadas é um dos caminhos para incluí-los em sala de aula, afinal, o objetivo maior da escola é fazer com que o aluno supere seus obstáculos, conquiste sua independência com autonomia e se sinta acolhido.

Com base nesse contexto, concluímos que a alfabetização e o letramento, como processos de ler, escrever e compreender nosso código alfabético, devem ser pautados no fundamento da aprendizagem de todos e no respeito às limitações e potencialidades de cada um.

Para que a educação inclusiva acolha a todos, é fundamental o papel da escola na inclusão e socialização de seus alunos. Para isso, ela necessita de profissionais comprometidos, que busquem formação constante para colaborar de forma mais consciente na acolhida de todos os alunos.

Considerando a Declaração Universal dos Direitos Humanos (Unesco, 1948), segundo a qual "toda pessoa tem direito à educação" e "a educação é um direito humano fundamental e essencial para o exercício da cidadania", a segregação e a exclusão não são mais aceitas pelas sociedades atuais, muito menos se partirem de instituições educacionais e formadoras.

A inclusão é, portanto, o princípio que norteia a ideia de uma escola para todos, e esse princípio precisa ser revisto no currículo das escolas, para que se façam as adaptações necessárias a ele.

Para tornar possível o acesso de todos à escola, esta precisa oferecer condições adequadas aos estudantes. Pensando nisso, o MEC lançou o "Programa de Educação Inclusiva: direito à diversidade", abordando o papel da escola no contexto da inclusão. Nesse documento[5] (Brasil, 2004c), destaca-se o papel da escola como conhecedora de cada necessidade e potencialidade de seus alunos.

Para que as escolas cumpram o princípio básico da educação inclusiva como um direito de todos, cabe a elas, portanto, oferecer equipamentos, serviços e recursos de tecnologia assistiva, bem como adaptar a arquitetura das escolas (rampas, banheiros, mesas e cadeiras, por exemplo), providenciar materiais adequados para cada necessidade, realizar retificações no projeto político-pedagógico (PPP) e investir na formação continuada de professores para melhor atender aos alunos.

1.3 Educação especial e a Declaração de Salamanca

A inclusão tornou-se um assunto fundamental na nossa sociedade. O movimento a favor desse princípio se espalha pelo

---

[5] Para conhecer esse documento, acesse o documento "Programa Educação Inclusiva: a escola", disponível em: <http://portal.mec.gov.br/seesp/arquivos/pdf/aescola.pdf>. Acesso em: 4 fev. 2020.

mundo, defendendo o direito de todas as pessoas a ter uma vida digna e participar na sociedade sem nenhuma discriminação. Essa concepção reforça a ideia de que a igualdade e a diferença caminham lado a lado e fazem parte de uma história de conquista dos direitos humanos.

Vamos pensar o seguinte: se as diferenças fazem parte da humanidade, podemos entender que ser diferente é normal. Portanto, sendo normais, **todos os alunos com deficiência[6] têm direito a uma aprendizagem de qualidade**. Isso significa que os profissionais envolvidos no processo de ensino e aprendizagem têm o dever de receber todos os alunos, conhecer cada um em sua individualidade e ser mediadores nesse processo, fazendo as adaptações que forem necessárias em cada caso, respeitando as necessidades específicas de cada indivíduo e, acima de tudo, lembrando que cada situação é única.

Entendemos que a pedagogia centrada no aluno é um dos caminhos para alcançarmos a inclusão de todos, pois não há medida igual para todos. Nesse sentido, o respeito às diferenças torna-se base para a construção de uma sociedade mais digna, que entenda a diversidade como um processo da evolução humana.

Como já vimos, muitos documentos foram elaborados em defesa da educação para todos. A Declaração de Salamanca é um deles. Formulada na Espanha, em 1994, esse texto trouxe a questão da exclusão para reflexão mundial e apresentou uma discussão sobre a necessidade de uma só escola para todos.

---

6 Observe que, embora o termo utilizado seja *crianças com deficiência*, nem todas essas crianças têm, necessariamente, necessidades educacionais especiais.

Seu eixo norteador é oferecer a mesma educação para todas as crianças e atender às demandas de cada uma por meio de diferentes práticas pedagógicas em uma mesma sala de aula.

Além disso, a Declaração de Salamanca incluiu no conceito de alunos com necessidades especiais aqueles que estão fora da escola por motivos diversos – extrema pobreza, desnutrição, situação de risco em regiões de guerras e conflitos, violência de natureza física, sexual, emocional – e aqueles que, apesar de estarem na escola, apresentam alto índice de reprovação.

De acordo com esse documento, qualquer pessoa pode apresentar, de forma temporária ou definitiva, algum tipo de necessidade especial, por isso é fundamental lançar a todos um olhar cuidadoso, que respeite e acolha cada um em sua diversidade.

A declaração ainda defende que os alunos de inclusão têm direito a "acessar" todo o conhecimento disponível por meio de diferentes práticas pedagógicas (jogos e brincadeiras, por exemplo) com o intuito de aprender e buscar o conhecimento por meio de um trabalho adaptado para eles, se assim for necessário.

Nesse sentido, a Declaração de Salamanca influenciou de forma positiva e construtiva as políticas de educação inclusiva, como já o tinha feito a Declaração Mundial de Educação para Todos, de 1990 (Unesco, 1990)[7].

Você consegue imaginar uma sala de aula como um espaço onde diversos profissionais possam atender a uma criança,

---

[7] Para saber mais sobre o tema, acesse o texto da Declaração de Salamanca pelo *link*: <http://portal.mec.gov.br/seesp/arquivos/pdf/salamanca.pdf>. Acesso em: 27 maio 2020.

não importando qual síndrome, transtorno ou deficiência ela apresente? Pense em um trabalho coletivo no qual tutores, professores, terapeutas, alunos, pais, comunidade e especialistas de diferentes áreas atuem em conjunto. Isso, sim, é um ambiente inclusivo! Se deixarmos apenas para o professor a responsabilidade de abraçar essa ideia, não alcançaremos verdadeiros progressos, no sentido de respeitar a individualidade, aceitando e acolhendo o ser humano.

Conforme a Declaração de Salamanca (Unesco, 1994),

> as escolas deveriam acomodar todas as crianças independentemente de suas condições físicas, intelectuais, sociais, emocionais, linguísticas ou outras. Aquelas deveriam incluir crianças de origem remota ou de população nômade, crianças pertencentes a minorias linguísticas, étnicas ou culturais, e crianças de outros grupos desavantajados ou marginalizados.

Apesar de a educação inclusiva ter sido defendida na Conferência de Salamanca, percebemos que o modelo educacional atualmente apresentado nas escolas não leva em consideração a flexibilidade curricular nem respeita os interesses e aptidões dos alunos, visando, na maioria das vezes, servir ao mercado de trabalho competitivo, que por si só exclui os que não são considerados capazes.

A escola precisa formar pessoas que convivam em sociedade, visando dar a elas maior qualidade de vida, com autonomia e principalmente independência. Esperamos que esse movimento pela inclusão escolar, mesmo que de forma lenta, promova uma mudança nos currículos, superando assim a inflexibilidade do processo educacional vigente.

Temos de reconhecer que incluir todos os alunos no mesmo modelo educacional é pouco viável. Mais relevante é oferecermos a eles vivências que enriqueçam seu aprendizado, trabalhando os conteúdos curriculares com uma visão mais ampla, em um ambiente de aprendizagem que extrapole o conhecimento formal e ofereça condições para que sua inserção na sociedade se torne real.

Nosso desafio, portanto, é criar contextos educativos capazes de ensinar a todos os alunos, conhecendo e respeitando as diferenças individuais de cada um, a fim de encontrar respostas pedagógicas para cada necessidade, promovendo assim a integração do aluno em uma escola regular de modo a prepará-lo para ser um cidadão atuante na sociedade.

> **Preste atenção!**
>
> Se entendemos que toda criança com deficiência tem direito à escolarização, é fundamental que todos nós, como sociedade, abracemos essa causa!

A Conferência Mundial de Salamanca traçou metas para possibilitar às pessoas com deficiência a entrada no sistema educacional regular de ensino, pensando também na interação social. Nessa conferência, o Brasil teve como presença principal um representante do MEC e outro da Secretaria Nacional dos Direitos Humanos. Ambos chegaram à conclusão de que a inclusão é possível, como mostra a Constituição Federal Brasileira, segundo a qual, a educação é um direito de todos, sem preconceito de origem, raça, sexo, cor, idade ou quaisquer outras formas de discriminação (Brasil, 1988).

Curiosidades

Em 1990, por meio da "Declaração Mundial sobre Educação para Todos", o Brasil responsabilizou-se por assegurar a universalização do direito à educação. Com base nesse documento, foi elaborado, em 1993, o "Plano Decenal de Educação para Todos", cujo objetivo é assegurar a todos os brasileiros os "conteúdos mínimos de aprendizagem que atendam necessidades elementares da vida" (Brasil, 1993, p. 13).

Podemos afirmar que uma criança tem necessidade educativa especial quando, em resposta a sua deficiência (pode ser também em relação a seus aspectos físicos ou psicológicos), o desenvolvimento na escola se mostra prejudicado. O documento elaborado em Salamanca amplia o conceito de necessidades educativas especiais, referindo-se não somente a pessoas com deficiência, transtornos ou altas habilidades, mas a todas aquelas que foram excluídas por algum motivo, como dificuldade de acesso à escola; violências de diferentes naturezas; alto índice de reprovação escolar; condições precárias de vida; subnutrição; situações de risco em países em guerra; a extrema pobreza.

Dois eventos marcaram a defesa de uma educação para todos:

- A Conferência Mundial sobre Educação para Todos, realizada em Jontiem, na Tailândia, em 1990, garantiu a igualdade de acesso à educação a pessoas com qualquer tipo de limitação.
- A Conferência Mundial sobre Educação Especial, ocorrida em Salamanca, na Espanha, em 1994, propôs ações pautadas na igualdade de valor entre as pessoas, para que os governos assumam suas responsabilidades em relação às diferenças individuais.

Síntese

Neste capítulo comentamos o quanto é importante conhecer as leis que respaldam a educação especial no Brasil e entender as diferenças entre segregação, integração e inclusão, compreendendo esta última como um tema de suma importância por se tratar de um direito de todos ao conhecimento.

Demonstramos como, ao longo das últimas décadas, o MEC priorizou a inclusão, tendo em vista que, anteriormente, a educação não era direito de todos, mas privilégio das classes mais favorecidas, excluindo também os considerados "fora dos padrões de normalidade".

Neste capítulo também apresentamos as mudanças nas versões da Lei de Diretrizes e Bases (LDB), bem como destacamos a importância da Declaração de Salamanca e de toda a legislação em favor da educação especial. Na sequência, comentamos as diferenças entre educação especial e educação inclusiva, esclarecendo que esta última apresenta um significado mais amplo por ter como objetivo acolher a todos.

Se observarmos todos os progressos conquistados pela educação especial ao longo da história, veremos o quanto já avançamos nesse sentido, uma vez que, anteriormente, esse tipo de ensino só era ofertado por instituições especializadas ou em escolas anexadas a hospitais psiquiátricos.

Ao final do capítulo, demonstramos que todo esse movimento em prol da inclusão tornou possível o acesso de todas as crianças a escolas regulares.

Indicações culturais

BRASIL. Ministério da Educação. Catálogo de publicações. **Coleção A Educação Especial na Perspectiva da Inclusão Escolar**. Disponível em: <http://portal.mec.gov.br/index.php?Itemid=860&id=12625&option=com_content&view=article>. Acesso em: 27 maio 2020.

> Produzida pelo MEC, essa coleção, de distribuição gratuita, aborda a inclusão ou atendimento educacional especializado (AEE).

MR. HOLLAND: adorável professor. Direção: Stephen Herek. EUA: FlashStar, 1995. 140 min.

> Esse filme narra a história de um músico que resolve lecionar para gerar uma renda extra, pensando em investir em suas composições. No início de sua experiência em sala de aula, tem muita dificuldade em se relacionar com os alunos. Durante esse período sua esposa engravida e, após o nascimento da criança, eles descobrem que ela é surda e necessita de tratamentos. Para isso, o músico se dedica cada vez mais na escola. A obra desperta muitas emoções por meio da relação entre professor e aluno, família e escola, trazendo a reflexão sobre a necessidade do olhar para o outro respeitando suas limitações e habilidades.

REVISTA INCLUSÃO. out. 2005. Disponível em: <http://portal.mec.gov.br/seesp/arquivos/pdf/inclusao.pdf>. Acesso em: 27 maio 2020.

Essa revista apresenta artigos, entrevistas, resenhas e outros textos sobre inclusão pautados em conhecimentos técnicos e científicos.

Atividades de autoavaliação

1. De acordo com diferentes movimentos a favor da inclusão, a Declaração de Salamanca (1994), aprovada por organizações internacionais e representantes de vários países, defendeu a escola regular para todos os alunos. Com relação a esse assunto, analise as proposições a seguir:

   I) A escola deve se ajustar a todas as crianças, independentemente de suas condições físicas, sociais e linguísticas, e ainda se adaptar àquelas com deficiência ou às superdotadas, às que moram nas ruas, às que trabalham e às que vivem em áreas ou grupos desfavorecidos.

   II) Esse documento contribuiu de forma decisiva para a efetivação de uma educação para todos os alunos, respeitando suas potencialidades e capacidades, e para a flexibilização do currículo, estabelecendo estratégias pedagógicas e recursos adequados como condições fundamentais para a inclusão se efetivar de fato.

   III) O tratamento que se dava a pessoas com deficiência no Brasil até meados do século XIX foi diretamente influenciado pela Declaração de Salamanca.

   IV) A expressão *necessidades educacionais especiais* tornou-se conhecida principalmente após sua utilização na Declaração de Salamanca.

Estão corretas apenas as afirmativas:

a) I, II e III.
b) II e III.
c) III e IV.
d) I, II e IV.
e) I, II, III e IV.

2. O atendimento a pessoas com deficiência no Brasil iniciou-se no século XIX, com a fundação de instituições educacionais direcionadas a essas pessoas. A educação especial foi dividida em dois períodos. De 1854 a 1956, foi marcada por iniciativas oficiais e particulares isoladas; surgiram nesse período o Imperial Instituto dos Meninos Cegos (1854) e o Imperial Instituto de Surdos-Mudos (1857). A partir de 1957, a educação especial é marcada por iniciativas em âmbito nacional.

A respeito desse tema, relacione os conceitos a seguir a sua respectiva explicação:

1) Segregação.
2) Integração.
3) Inclusão.
4) Exclusão.

( ) A educação para as pessoas com deficiência ocorre em instituições especializadas ou em escolas anexas a hospitais psiquiátricos.
( ) A educação dos alunos com deficiência e necessidades educacionais especiais deve acontecer em uma escola de ensino regular, com o apoio necessário de escola, família e sociedade.

( ) O acesso às classes comuns do ensino regular é limitado àqueles que têm condições de acompanhar as atividades curriculares programadas.

( ) Para garantir aos alunos com deficiências e necessidades educacionais especiais a igualdade de acesso à educação, eles devem ser matriculados na rede regular de ensino.

( ) Essa prática acolhe as pessoas "com deficiência" no mesmo espaço, porém as considerando diferentes e especiais.

A sequência obtida é:

a) 1, 3, 4, 3, 2.
b) 2, 1, 3, 4, 1.
c) 3, 4, 1, 1, 1.
d) 4, 3, 3, 1, 2.
e) 2, 1, 3, 1, 4.

3. Como você viu neste capítulo, muitas políticas foram incorporadas no campo da legislação educacional a favor da educação especial inclusiva. Leia a síntese de um dos documentos que abordam esse tema.

> A educação especial é uma modalidade ofertada na rede regular de ensino para alunos com deficiência, transtornos globais do desenvolvimento e altas habilidades ou superdotação. A escola poderá receber serviços de apoio especializado, sempre que, em função das condições específicas dos alunos, não for possível sua integração nas classes comuns de ensino regular. Será assegurado aos alunos com deficiência, transtornos globais do desenvolvimento e altas habilidades ou superdotação: currículos, métodos, técnicas, recursos educativos e organização específicos, para atender às suas necessidades.

Essa síntese se refere:

a) ao Estatuto da Criança e do Adolescente – Lei n. 8.069, de 13 de julho de 1990.
b) à atual Lei de Diretrizes e Bases da Educação Nacional – Lei n. 9.394, de 20 de dezembro de 1996.
c) à Constituição Federal de 1988.
d) ao Decreto n. 3.298, de 20 de dezembro de 1999, que regulamenta a Lei n. 7.853, de 24 de outubro de 1989, ao dispor sobre a Política Nacional para a Integração da Pessoa Portadora de Deficiência.
e) à Convenção da Guatemala (1999), promulgada no Brasil pelo Decreto n. 3.956, de 8 de outubro de 2001.

4. Diante da nova concepção de educação inclusiva, na perspectiva da educação especial, a escola passa a construir uma nova proposta pedagógica, incluindo os alunos com deficiência, transtornos globais de desenvolvimento e altas habilidades ou superdotação.

A respeito desse assunto, analise as proposições a seguir:

I) De acordo com os preceitos da educação inclusiva, a educação especial deve fazer parte da escola regular, da qual todos os alunos participam. Entende-se que, em algum momento da vida escolar, qualquer aluno pode ter necessidades educacionais especiais.

II) Na educação inclusiva, entende-se que é necessário educar todas as crianças no mesmo contexto escolar, trabalhando com as dificuldades dos alunos e respeitando, assim, a diversidade.

III) A educação inclusiva e a educação especial apresentam-se como duas propostas diferentes; a primeira recebe apoio de leis e decretos específicos em busca de uma educação de direito para todos.

IV) Segundo o Plano Nacional de Educação (PNE), na perspectiva da educação inclusiva o público-alvo da educação especial são os alunos com deficiência, TGD e altas habilidades ou superdotação.

V) O movimento mundial pela educação inclusiva é uma ação social, cultural, política e pedagógica que busca o direito de todos os alunos de aprenderem de maneira participativa.

Estão corretas:

a) Todas as alternativas estão corretas.
b) III, IV e V.
c) I, II, IV e V.
d) II, IV e V.
e) I, III e V.

5. Levando em consideração as conquistas da educação especial na história da educação no Brasil, enumere os seguintes fatos de 1 a 5, indicando a ordem em que aconteceram:

( ) A Declaração de Salamanca apresenta importantes documentos com vistas à inclusão social.

( ) Surgem na cidade do Rio de Janeiro duas instituições: o Imperial Instituto dos Meninos Cegos (atual Instituto Benjamin Constant – IBC) e o Instituto dos Surdos-Mudos (conhecido como Instituto Nacional da Educação dos Surdos – Ines), para atender portadores dessas deficiências.

( ) São inaugurados o Instituto Pestalozzi e a primeira Associação de Pais e Amigos dos Excepcionais, especializados no atendimento às pessoas com deficiência mental.

( ) A Lei de Diretrizes e Bases (LDB) passa a garantir na rede regular de ensino o direito educacional e o atendimento aos alunos com deficiência.

( ) Contrapondo-se à ideia de segregação, surge no Brasil o conceito de normalização, defendendo a ideia de que as pessoas com deficiência precisam ter condições de levar uma vida normal.

A sequência obtida é:

a) 1, 2, 3, 4, 5.
b) 2, 1, 5, 3, 4.
c) 3, 4, 1, 5, 2.
d) 3, 1, 5, 2, 4.
e) 4, 1, 2, 5, 3.

Atividades de aprendizagem

Questões para reflexão

1. O MEC, com o objetivo de apoiar as redes públicas de ensino na organização e oferta do AEE e contribuir com o fortalecimento do processo de inclusão educacional nas classes comuns de ensino, instituiu o Programa de Implantação de Salas de Recursos Multifuncionais por meio da Portaria n. 13, de 24 de abril de 2007. O programa atende à demanda das escolas públicas em que estão matriculados alunos com deficiência, transtornos globais do desenvolvimento ou superdotados/com altas habilidades, disponibilizando as salas de recursos multifuncionais Tipo I e Tipo II. Faça uma pesquisa sobre o que são e como funcionam tais salas e redija um texto expondo suas descobertas.

2. O MEC disponibilizou o documento Experiências Educacionais Inclusivas, composto por 20 artigos que trazem relatos de boas práticas de ensino, pensadas para propiciar condições de aprendizagem que não excluam nenhum aluno, orientando educadores que buscam dar respostas às necessidades educacionais especiais, valorizando as diversas formas de aprender, compreender o mundo e dar significado a ele. Escolha um desses artigos para ler, refletir sobre ele e debater com seus colegas. O documento está disponível em: <http://portal.mec.gov.br/seesp/arquivos/pdf/experienciaseducacionaisinclusivas.pdf>. Acesso em: 27 maio 2020.

Atividade aplicada: prática

1. Pesquise sobre escolas em que haja salas de recursos multifuncionais Tipo I e Tipo II e entreviste a professora que atende nessa sala, questionando sobre o trabalho que a profissional realiza nesse espaço com as crianças com necessidades educacionais especiais. Com base nos dados coletados nessa entrevista, elabore um planejamento para o AEE, descrevendo como pretende realizar o atendimento ao aluno e quais materiais utilizará para isso.

Capítulo 2
Educação especial no contexto da educação inclusiva

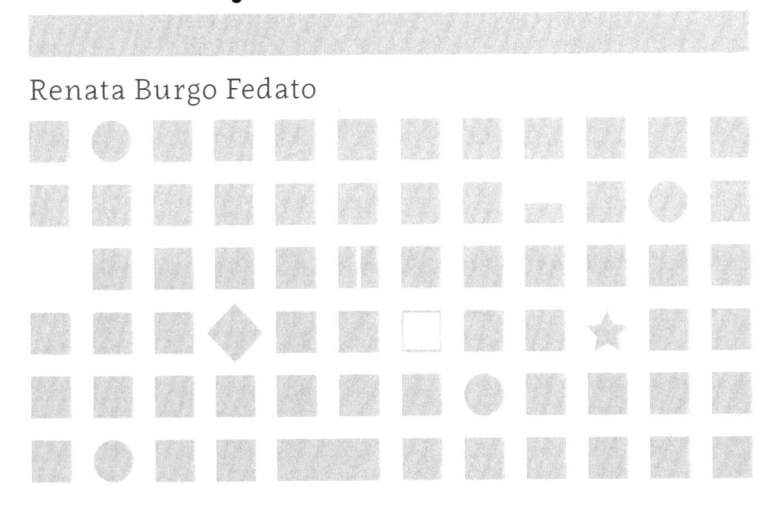

Renata Burgo Fedato

Neste capítulo, trataremos sobre as discussões acerca dos processos de inclusão e integração nas escolas. Para tanto, vamos considerar os estudos recentes sobre o tema, trazendo à tona as discussões a respeito das práticas educativas na realidade atual. Além disso, consideraremos a relação família e escola nesses processos, por entender que são elementos indispensáveis ao movimento de inclusão dos alunos com deficiência. Afinal, a análise do currículo e suas diversificações são reflexos diretos das práticas de inclusão dos alunos com deficiência.

Nossa intenção neste capítulo é refletir sobre a função do professor, da equipe pedagógica e da família, dando ênfase a cada um dos atuantes no processo da inclusão assim como nos processos de ensino-aprendizagem, de forma a beneficiar diretamente o aluno com deficiência.

2.1 Inclusão e educação: a sociedade inclusiva

De acordo com a Constituição de 1988, todos os brasileiros têm direito inalienável à educação. Essa máxima parece tão simples e óbvia que, para compreendê-la, aparentemente não há necessidade de reflexão. Entretanto, analisando-a, observamos o preceito de que todos podem aprender, independentemente de suas condições físicas, intelectuais, sociais, cognitivas, entre outros aspectos. Além disso, a afirmação parte do princípio de que todos podem estar "juntos, aprendendo e participando sem nenhuma forma de discriminação" (Brasil, 1998, p. 1).

Sob esse aspecto, é imprescindível ressaltar que, para transformar esse discurso, que aparentemente se apresenta como meramente político e teórico, necessitamos reafirmar no Brasil a política de educação especial e ratificar os financiamentos dos recursos de acessibilidade nas escolas comuns, garantindo assim o direito à educação a todos os estudantes com ou sem deficiência.

Conforme comentamos no Capítulo 1, a busca pela valorização das diferenças começou na década de 1990, com a aprovação da Lei de Diretrizes e Bases da Educação Nacional (LDBEN), Lei n. 9.394, de 20 de dezembro de 1996[1].

Stainback e Stainback (1999, p. 44) ressaltam que "o fim gradual das práticas educacionais excludentes do passado proporciona a todos os alunos uma oportunidade igual para terem suas necessidades educacionais satisfeitas dentro da educação regular". Precisamos nos questionar, com base nessa citação, o que de fato queremos das escolas. Como podemos fazer das práticas escolares uma forma de inclusão, para além da integração? Como devemos nos posicionar diante das discussões que permeiam as práticas educadoras? Certamente não poderemos nos esquivar das reflexões filosóficas, políticas e sociais que permeiam nossas escolas e toda a comunidade escolar. Nesse sentido, o Programa de Educação Inclusiva: direito à diversidade (Brasil, 2004b), elaborado pelo Ministério da Educação (MEC), em 2004, propõe reflexões a respeito da escola e suas práticas. Veja:

---

[1] É muito interessante que você tenha conhecimento dos documentos que alicerçam as práticas de ensino do nosso país. Acesse esse documento em: <http://www.planalto.gov.br/ccivil_03/leis/L9394.htm>. Acesso em: 27 maio 2020.

O que entendemos por Educação? Qual o papel e a função da escola na formação do cidadão? Qual o contexto político, econômico e social em que está inserida essa escola? Qual a função social dessa escola? Que contribuição essa comunidade espera/precisa dessa escola? Que resultados essa escola tem mostrado a essa comunidade? Como é a relação dessa comunidade com a escola? Como tem sido a participação da comunidade no cotidiano escolar? Como tem sido a dos pais no cotidiano escolar? (Brasil, 2004b, p. 9)

Essas perguntas disparadoras ajudam a refletir sobre a comunidade escolar em que estamos inseridos. Por meio dessas reflexões, conseguimos entender que o movimento de integração não dá conta das diversas particularidades e necessidades nas quais a comunidade escolar está envolvida quando falamos da educação especial e do atendimento às pessoas com deficiência. Nesse ponto, devemos nos questionar:

- Que cidadãos queremos formar?
- Que tipo de comunidade essa escola deseja desenvolver?
- Partindo dos pressupostos anteriores, qual é a missão dessa escola?
- Que perfil essa escola precisa adquirir para cumprir essa missão?
- Que tipo de gestão escolar é necessária para cumprir essa missão?
- Com que tipo de profissionais se precisa contar?
- Como deve ser a formação continuada dos professores?
- Quais são as expectativas do gestor, dos professores, dos funcionários, dos pais e dos alunos quanto ao trabalho da escola?

Considerando nosso cotidiano, em pleno século XXI, podemos considerar que muitas iniciativas estão sendo realizadas na perspectiva de inclusão, e não mais de integração.

Tomando a deficiência visual como exemplo, atualmente observamos o uso nas escolas de audiolivros (*audiobooks*), livros digitais que facilitam o acesso ao conhecimento, além de aplicativos e *softwares* que realizam leituras. Temos visto também a adequação do ambiente da sala de aula, com corredores largos e amplos para facilitar a mobilidade do aluno com deficiência visual e de outros, como os cadeirantes, que necessitam dessa mesma readequação.

Essas respostas não se buscam exclusivamente nos aspectos teóricos, mas também nos práticos, vivenciados no dia a dia da comunidade escolar, entendendo e atendendo as expectativas, os direitos e deveres de todos como cidadãos participativos e críticos da sociedade e da escola como instituição inclusiva. Não nos propomos aqui a responder a todas essas questões, tampouco a esgotá-las nesta obra. Contudo, deixamos a você tais questionamentos para futuras discussões e reflexões.

2.2 Modalidades de aprendizagem e estilos de aprendizagem

Certamente você já se indagou se há formas corretas e incorretas de pensar e se as crianças podem apresentar diferentes formas de se manifestar, indagar, dialogar e aprender. Reflexões sobre **quem é** e **o que é ser** inteligente por diversas vezes esteve presente em nossas vidas, não é verdade?

No século XX, mais especificamente em 1921, o periódico *Journal of Educational Psychology* propôs para vários teóricos a seguinte questão: *O que é inteligência e de que forma ela pode ser avaliada por meio de testagens em grupo?*

Passados mais de 60 anos, em 1986, a mesma pergunta foi feita por Sternberg e Detterman, solicitando respostas a novos especialistas. De acordo com Gama (2014), a conclusão foi a de que os especialistas se dividem entre:

1. os que consideram estar a inteligência localizada no indivíduo;
2. os que a consideram diretamente ligada ao meio ambiente;
3. os que sugerem que ela reside na interligação do indivíduo com o meio ambiente.

Essas divagações sobre o que é inteligência, que fatores a definem e a possibilidade de mensurá-la são de significativa importância para você, caro leitor, pois lhe caberá escolher qual teoria utilizar em sala de aula com seus alunos, pois, uma vez que a prática pedagógica está em constante transformação e reformulação, algumas teorias podem auxiliá-lo mais ou menos a desenvolver aplicações funcionais e práticas para beneficiar, única e exclusivamente, a aprendizagem do aluno.

Assim, caso você queira saber mais sobre as teorias das inteligências e seus aspectos teóricos e práticos, não se limite ao conteúdo que apresentamos nesta obra, visto que há uma vasta gama de discussões e pareceres sobre essa temática.

2.2.1 Modalidades de aprendizagem

Pensando nas salas de aula e em como algumas das teorias e definições sobre a inteligência podem ser aplicadas com os alunos, mais especificamente em relação à alfabetização de crianças com necessidades especiais, enfatizaremos, nesta obra, os estudos referentes ao desenvolvimento da inteligência como fator cognitivo e neuropsicológico de Howard Gardner, que contesta firmemente a visão unitária e psicometricista da inteligência que dominou os estudos da primeira metade do século XX, como também as modalidades de aprendizagem.

Certamente, se pensarmos em nosso tempo de escola, lembraremos que nos identificávamos com diferentes "matérias" ou disciplinas, demonstrando mais habilidades e preferências em determinadas áreas do conhecimento do que em outras.

Você já parou para pensar que muitas vezes os professores eram diferentes entre si? Ou que alguns se identificavam mais com alguma matéria e assim se dedicavam mais ao ensino dela?

Esses questionamentos são necessários para identificarmos os diversos estilos de aprendizagem em sala de aula. Certamente haverá nelas alunos que se identificam mais com Matemática e com o raciocínio lógico, outros com as Ciências Sociais ou as Ciências da Natureza e alguns ainda com a Língua Portuguesa.

Diante disso, o que os professores devem fazer para ampliar essas potencialidades? Além disso, como fazer para desenvolver aquelas que, por falta de estímulos, permanecem adormecidas?

Para respondermos a essas questões, precisamos primeiramente descobrir de que forma aprendemos, ou melhor, de que maneira os alunos aprendem. Afinal, todos temos preferências por determinadas formas, características e estratégias de ensino que chamamos de nossos "pontos fortes".

A seguir, vamos analisar as principais modalidades de aprendizagem propostas por Rief e Heimburge (2000):

- modalidade auditiva;
- modalidade visual;
- modalidade táctil-cinestésica.

Modalidade auditiva

Nessa modalidade, o aprendizado é otimizado pelo uso de recursos como instruções verbais, debates, apresentações orais, rádio, música, jogos verbais, dramatizações criativas, poesias, versos, paródias etc.

A modalidade auditiva deverá ser utilizada com alunos que apresentam, por exemplo, preferências e habilidades relacionadas à aprendizagem focada em melodias que envolvam rimas e combinação de palavras. Uma característica muito comum em estudantes dessa modalidade é verbalizar aquilo que aprenderam ou falar enquanto executam pequenos ou grandes movimentos, para ajudá-los na execução de tarefas e de passos necessários à resolução de problemas.

Você conhece alguém que precisa ler um texto em voz alta para melhor compreendê-lo? Podemos afirmar que uma das modalidades de aprendizagem apresentadas por essa pessoa é a auditiva, pois ler em voz alta para si próprio requer um estímulo auditivo para manter a atenção ou extrair significados.

Que perguntas podem ser feitas em sala de aula para identificar essa modalidade de aprendizagem em cada aluno?

A seguir, apresentamos alguns questionamentos, que podemos fazer a nós mesmos sobre cada aluno, ou por meio de uma autoavaliação à qual os próprios discentes podem responder individualmente:

- Você gosta de ouvir música?
- Consegue decorar a letra de uma música facilmente?
- Gosta mais de ouvir alguém lendo para você ou prefere ler você mesmo?
- Gosta de trabalhar em grupos ou sozinho?
- Gosta de assistir a filmes, documentários etc.?

Essas são apenas algumas sugestões de questionamentos que você pode direcionar aos alunos para verificar, quando perguntados, se as respostas deles são as mesmas que as suas. Assim, você poderá verificar se realmente está conectado a eles e se conseguirá compreender as preferências dos estudantes na aprendizagem.

Modalidade visual

Detalhes visuais são facilmente identificados por alunos da modalidade visual. Tais aspectos podem ser exaltados com cores ou estilos diferenciados para ativar a memória dos alunos. Para isso, você pode utilizar recursos como desenhos, gráficos, imagens, símbolos, legendas, palavras-chave, para que os alunos possam recorrer a eles quando necessário, sem a necessidade de nova explicação oralizada. Rief e Heimburge (2000, p. 21) afirmam que os alunos

> cujo processo de aprendizagem se desenvolve visualmente necessitam que nas instruções que lhes são dadas sejam

incluídos muitos organizadores gráficos (mapas, tabelas, esquemas, sublinhados, esquematizações de histórias, diagramas etc.) Ser-lhe-á proveitoso anotar dados, fazer círculos à volta da informação a reter, sublinhar, destacar a marcador colorido as partes relevantes dos textos, tomar notas e praticar o estudo recorrendo a cartões em que está sintetizada a informação sob a forma escrita ou de desenhos ou imagens.

As autoras ainda afirmam que o trabalho com os cartões pode favorecer a procura de palavras e posterior formação de frases, sendo uma excelente técnica a ser aplicada no trabalho com alunos de características visuais.

Por meio desse processo de aprendizagem, podemos destacar o aluno com espectro autista, que geralmente tem preferência por materiais cujo estímulo visual é mais específico e claro. Contudo, convém ressaltar que o desenvolvimento da criança autista e sua capacidade de aprendizagem é individual; portanto, ela deve receber programas individualizados de intervenções pedagógicas, com planejamentos diferenciados, mesmo quando houver dois ou mais alunos com autismo em sala, ocorrendo o que chamamos de *diversificações curriculares a cada indivíduo*, com ou sem deficiência.

Também não podemos esquecer do aluno surdo, que também se desenvolve melhor por meio do estímulo visual. Nesse ponto, cabe-nos destacar que a própria língua brasileira de sinais (libras) é uma comunicação de modalidade visual.

Atentar para esse detalhe é papel do professor e de toda equipe pedagógica, que devem estar prontos para desempenhar seu papel na escola inclusiva.

A seguir, apresentamos alguns questionamentos. Podemos respondê-los, tendo em vista cada aluno, ou podemos endereçá-los aos próprios alunos, em caráter de autoavaliação:

- Você gosta de ler ou de ouvir explicações sobre algum assunto?
- Gosta dos murais construídos em sala de aula com os conteúdos estudados?
- Prefere quando o conteúdo está no *datashow* ou quando a professora apenas explica em sala?
- Gosta de desenhar o que aprendeu?

Essas são algumas das questões que podem ser feitas aos alunos para identificar se se enquadram na modalidade visual de aprendizagem.

Modalidade tátil-cinestésica

Nessa modalidade, o tocar e o sentir são fundamentais para o processo de ensino-aprendizagem. O corpo e o envolvimento direto com o objeto (seja ele o conhecimento, seja o objeto concreto) são os propulsores dessa aprendizagem. Portanto, participar de jogos, realizar experiências no laboratório e representações como teatro, expressões manuais e artes são fundamentais para o desenvolvimento dos alunos que têm essa modalidade como a principal.

Pensando na aprendizagem das letras, dos números e da escrita, poderíamos desenvolver atividades em que o aluno possa experimentar o traçado das letras em diversas texturas, como lixas, algodão, massa de modelar, caixa de areia etc.

Apresentamos algumas perguntas que podem ajudá-lo a saber mais sobre o aluno e a realizar os processos de autoavaliação:

- Você gosta de dançar?
- Gostaria de fazer suas atividades com uma música de fundo?
- Gosta de construir objetos?
- Tem prazer em participar de jogos e brincadeiras que coloquem o corpo em movimento?

Faça essas perguntas a si mesmo para identificar quais alunos se enquadram nessa modalidade de aprendizagem. Não deixe de questionar os alunos sobre suas preferências, pois você certamente obterá dados importantes para redigir seu plano de aula.

2.2.2 Estilos de aprendizagem ou modos de funcionamento cognitivo (MFC)

Já demonstramos que o aprendizado e o desenvolvimento dependem de vários fatores, que podem ser ambientais, culturais, sociais etc. Para uma melhor compreensão do funcionamento desses processos, é de extrema importância a contribuição de Howard Gardner, pós-doutor em Psicologia do Desenvolvimento pela Universidade de Harvard e autor de diversas produções acadêmicas sobre as múltiplas inteligências. Os estudos do teórico estadunidense são de grande relevância para o âmbito educacional, mais especificamente na educação especial e na alfabetização, pois, além de questionar a validade dos famosos testes de QI, de acordo com Gama (2014), Gardner também realizou os seguintes procedimentos:

- analisou o desenvolvimento de diferentes habilidades em crianças ditas normais e também em crianças superdotadas;
- constatou, em adultos com lesões cerebrais, que estas não causam perda de intensidade nas produções intelectuais, mas sim de uma ou outra habilidade, sem afetar outras;
- percebeu, em populações ditas excepcionais, que as habilidades intelectuais podem se manter intactas;
- verificou como ocorreu o desenvolvimento cognitivo ao longo dos milênios.

Em sua primeira obra, *Frames of mind*, traduzida para o português como *Estruturas da mente: a teoria das inteligências múltiplas* (publicada em 1984), Gardner questionou a veracidade e a eficiência dos testes de quociente de inteligência, os famosos testes de QI. Dessas análises, surgiu a teoria das inteligências múltiplas (TIM), a qual propunha a existência de pelo menos sete inteligências básicas[2]. Essa proposta gerou grande impacto na educação no início dos anos 1990.

Depois disso, Gardner publicou vários outros trabalhos, nos quais apresentou suas reflexões sobre as diversas teorias relativas ao conceito e às formas de avaliação da inteligência. Seus estudos a respeito do processo de ensino-aprendizagem desenvolveram novas maneiras de compreender a inteligência.

A teoria de Gardner baseia-se no princípio de que **todos os indivíduos aprendem de maneiras diferentes**, não considerando, portanto, a inteligência como fator inato ao ser humano. O estudioso propôs assim um novo conceito de inteligência:

---

[2] Atualmente são reconhecidas oito inteligências, que serão apresentadas na sequência.

A Teoria dos Modos de Funcionamento Cognitivo (MFC) propõe que os indivíduos fazem apelo a pelo menos sete aptidões intelectuais relativamente autônomas – cada uma das quais representa uma forma de pensar própria e distinta – para abordar problemas e criar produtos. (Gardner, citado por Rief; Heimburge, 2000, p. 24)

Com base na capacidade de resolver problemas ou de elaborar produtos culturais que tenham valor nas distintas culturas, Gardner estabeleceu previamente sete inteligências, às quais foi posteriormente acrescentada a naturalista/naturalística, conforme você pode verificar na Figura 2.1.

Figura 2.1 – Inteligências múltiplas propostas por Howard Gardner

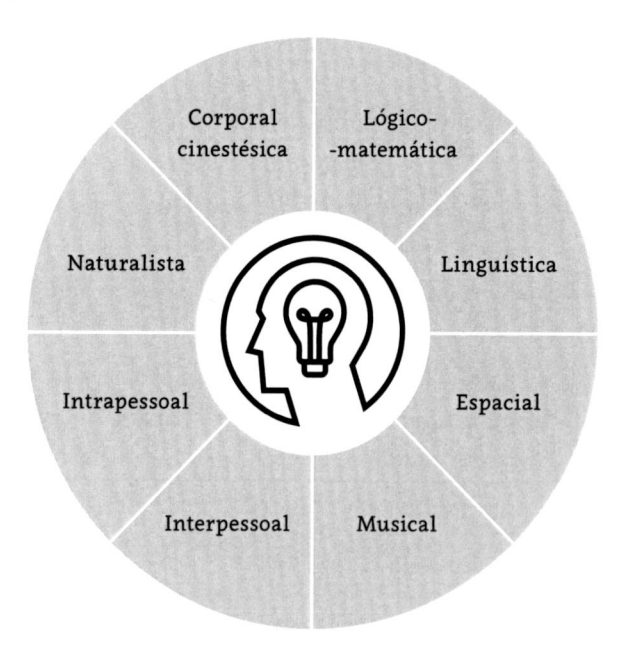

Fonte: Cesvale, 2019.

Vamos então identificar cada uma delas, de acordo com Armstrong (2001).

1. **Inteligência lógico-matemática**: a aptidão para utilizar e manipular números, resolver problemas, estabelecer raciocínio lógico e analítico é evidente em indivíduos com esse tipo de inteligência. Os processos utilizados na inteligência lógico-matemática incluem: categorização, classificação, inferência, generalização, cálculo e testagem de hipóteses. A aprendizagem de alunos com inteligência lógico-matemática ocorre mais eficazmente quando eles dispõem de experiências e realizam descobertas.
2. **Inteligência linguística**: diz respeito à habilidade para a utilização das palavras, tanto de formal oral como escrita. Você já deve ter ouvido um bom contador de histórias, orador, poeta, editor ou jornalista e percebido a grande capacidade desse indivíduo de manipular a sintaxe, construir a linguagem, explorar a semântica ou até mesmo exemplificar os significados da linguagem por meio de usos práticos. Os domínios verbal e linguístico desses profissionais são inegáveis. Sua capacidade de utilizar metáforas, analogias, humor, jogo com as palavras, além de outros recursos, desponta por meio da aprendizagem com base linguística.
3. **Inteligência espacial**: pessoas com esse tipo de inteligência têm a habilidade de perceber o mundo por meio da visão e do espaço, e a percepção e a recriação de espaços são características fortes nesses indivíduos, que normalmente atuam como caçadores, guias, arquitetos, artistas. Essa inteligência envolve as instruções de caráter visual e a percepção de cores, formas e espaços, que são características desse estilo de aprendizagem.

4. **Inteligência musical**: apreciar e discriminar sons como um crítico de música, bem como compor e se expressar como musicista diz respeito a processos de aprendizagem relacionados a essa inteligência. Para a entendermos de forma ilustrativa, podemos pensar nos aspectos relacionados ao ritmo, aos tons e às melodias e ao timbre de peças musicais. Alunos com inteligência musical aprendem melhor quando recorrem a músicas e melodias.
5. **Inteligência interpessoal**: empatia é a principal característica dessa inteligência, ou seja, a habilidade de perceber o humor, as intenções e os sentimentos de outras pessoas. Geralmente ela está presente em líderes e mediadores de conflitos.
6. **Inteligência intrapessoal**: *autoconhecimento* é a palavra-chave dessa forma de inteligência. As pessoas nas quais essa inteligência está presente são sonhadoras e capazes de atingir seus objetivos por meio de projeções de interesses e sonhos. Trabalhar individualmente é uma característica de alunos com inteligência intrapessoal, já que têm uma imagem precisa de si mesmos, reconhecendo suas forças e limitações. Nas palavras de Gardner (1995, p. 29):

> A criança autista é um exemplo prototípico de um indivíduo com inteligência intrapessoal prejudicada; na verdade, essas crianças talvez nunca tenham sido capazes de se referirem a si mesmas. Ao mesmo tempo, elas frequentemente apresentam notáveis capacidades dos domínios musical, computacional, espacial ou mecânico.

7. **Inteligência naturalista**: a última a ser acrescentada nos estudos de Gardner, refere-se ao conhecimento detalhado de espécies da fauna e flora e do meio ambiente. O indivíduo

dotado dessa inteligência demonstra grande sensibilidade aos fenômenos naturais.
8. **Inteligência corporal-cinestésica**: nesse tipo de inteligência, a habilidade predominante é o domínio sobre o corpo, que pode ser usado pelo indivíduo para se expressar como atleta, dançarino, cirurgião etc. Nessa inteligência incluem-se habilidades físicas como equilíbrio, força e coordenação, necessárias para o desenvolvimento do corpo. Alunos com essa inteligência têm necessidade de estar em movimento para que o processo de aprendizagem ocorra de maneira real e significativa.

2.3 Tecnologias educacionais

Apesar de compreendermos as habilidades diferenciadas em cada indivíduo, não podemos esquecer que, tanto em casa como na escola, muitas crianças estão em constante contato com a leitura e a escrita por meio de recursos tecnológicos de comunicação como celular, *tablet*, TV e computador.

Cabe salientar que, conforme Lévy (1993, p. 34), não basta equipar a escola com todo o aparato tecnológico sem que situações de aprendizagem sejam pensadas e refletidas considerando esse novo contexto tecnológico:

> É certo que a escola é uma instituição que há cinco mil anos se baseia no falar /ditar do mestre, na escrita manuscrita do aluno e, há quatro séculos, em um uso moderado da impressão. Uma verdadeira integração da informática supõe o abandono de um hábito antropológico mais que milenar o que não pode ser feito em alguns anos.

Portanto, discutir e refletir sobre os estilos de aprendizagem se faz necessário. Contudo, compreender que a tecnologia se insere no cotidiano do aluno e de suas aprendizagens se faz urgente, visto que novas formas de se conectar com o mundo e de interagir serão necessárias em sala de aula.

Tendo em vista essas novas possibilidades de ensino-aprendizagem é interessante pensarmos no uso de *softwares* e suas categorias para que possamos identificar seus fundamentos educacionais, respeitando os aspectos pedagógicos e os objetivos que se pretende alcançar na aprendizagem. Para analisarmos os *softwares* de ponto de vista do profissional da educação, podemos considerar os estudos de Felippin (2004). Veja na Figura 2.2 como essa autora relaciona cada um deles a uma função na aprendizagem:

Figura 2.2 – Classificação dos *softwares* e sua atuação no processo de aprendizagem

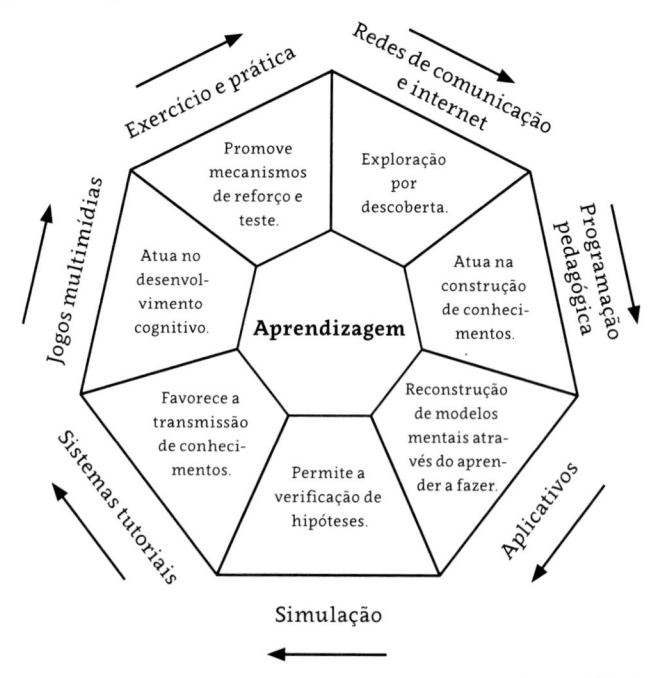

Exercício e prática — Promove mecanismos de reforço e teste.
Redes de comunicação e internet — Exploração por descoberta.
Programação pedagógica — Atua na construção de conhecimentos.
Aplicativos — Reconstrução de modelos mentais através do aprender a fazer.
Simulação — Permite a verificação de hipóteses.
Sistemas tutoriais — Favorece a transmissão de conhecimentos.
Jogos multimídias — Atua no desenvolvimento cognitivo.

Aprendizagem

Fonte: Felippin, 2004.

Na atualidade, os *softwares* são ferramentas de que dispomos em sala de aula para aprimorar a ação de ensino-aprendizagem. De acordo com Lévy (1993), a tecnologia certamente modifica a expressão criativa do ser humano e, consequentemente, a maneira de ele adquirir conhecimento interfere no processo de ensino-aprendizagem.

Nesse contexto, são recentes as pesquisas referentes às tentativas de integração da tecnologia ao ensino da leitura, da escrita, do desenvolvimento da oralidade com pessoas com deficiência intelectual.

Cárnio e Shimazaki (2011) apontam que a literatura demonstra duas maneiras de ensinar pessoas com deficiência intelectual. A primeira se refere às intervenções reducionistas, com objetivos direcionados ao treinamento e a práticas rotineiras para o ensino de habilidades de forma isolada e descontextualizada. A segunda se preocupa com a elaboração de formas integradas a áreas do conhecimento humano, contextualizado e combinando oralidade, escrita, leitura com utilização de textos, experiências linguísticas e acesso a outras linguagens.

Desse modo, podemos pensar no uso das tecnologias para a alfabetização por meio dessas formas integradas. Ainda segundo Cárnio e Shimazaki (2011), o primeiro documento que aborda o uso da tecnologia para a alfabetização de pessoas com deficiência intelectual é datado de 1960:

> Trata-se de um ensino programado que era desenvolvido por meio da tecnologia educacional, com a presença automática de um "filme tutor", usado em filmes projetados em 8 mm que ligavam automaticamente quando o aluno escolhia uma letra na máquina de datilografia. O "feedback" ocorria quando o

aluno dizia corretamente a letra do alfabeto datilografada. Esse programa de instrução tecnológica pode ser considerado avançado e promissor porque ensinava, por meio da visualização, palavras para as pessoas de vários níveis de deficiência intelectual. (Cárnio; Shimazaki, 2011, p. 148)

Dessa maneira, podemos inferir que, desde a década de 1960, a tecnologia tem auxiliado a educação e o desenvolvimento de habilidades para o ensino e aprendizado[3] e que por isso devemos valorizá-la no processo de alfabetização e letramento.

Pensando no uso do computador e em suas possibilidades de escrita, não podemos deixar de diferenciar, a título de conhecimento, que, segundo Soares (2002), a tela, ou a janela, aberta no computador,

> ao contrário do que ocorre quando o espaço da escrita são as páginas do códice, quem escreve ou quem lê a escrita eletrônica tem acesso, em cada momento, apenas ao que é exposto no espaço da tela: o que está escrito antes ou depois fica oculto (embora haja a possibilidade de ver mais de uma tela ao mesmo tempo, exibindo uma janela ao lado de outra, mas sempre em número limitado). (Soares, 2002, p. 150)

Ao comparar o texto na tela do computador com o lido no papel, Soares (2002, p. 150) afirma:

---

[3] Para saber mais sobre as práticas de escrita e leitura com o uso das tecnologias para pessoas com deficiência no transcorrer da história, indicamos o artigo "Letramento e alfabetização das pessoas com deficiência intelectual", de Cárnio e Shimazaki, disponível em: <http://periodicos.uem.br/ojs/index.php/TeorPratEduc/article/view/16112>. Acesso em: 6 fev. 2020.

O texto no papel é escrito e é lido linearmente, sequencialmente – da esquerda para a direita, de cima para baixo, uma página após a outra; o texto na tela – o hipertexto – é escrito e é lido de forma multilinear, multissequencial, acionando-se *links* ou nós que vão trazendo telas numa multiplicidade de possibilidades, sem que haja uma ordem predefinida. A dimensão do texto no papel é materialmente definida: identifica-se claramente seu começo e seu fim, as páginas são numeradas, o que lhes atribui uma determinada posição numa ordem consecutiva – a página é uma unidade estrutural; o hipertexto, ao contrário, tem a dimensão que o leitor lhe der: seu começo é ali onde o leitor escolhe, com um clique, a primeira tela, termina quando o leitor fecha, com um clique, uma tela, ao dar-se por satisfeito ou considerar-se suficientemente informado – enquanto a página é uma unidade estrutural, a tela é uma unidade temporal.

Portanto, pensar que "diferentes tecnologias de escrita criam diferentes letramentos" (Soares, 2002, p. 155) é urgente, uma vez que queremos e devemos promover a inclusão em sala de aula, considerando as diferentes possibilidades de aprendizado e ensino. Ser inclusivo no papel de professor e de profissional da educação, é considerar a pluralidade em sala de aula e a riqueza de potencialidades que virão juntamente às metodologias diferenciadas e aos recursos utilizados para o aprendizado. Para isso, vamos refletir a seguir sobre a organização curricular diante da diversidade.

2.4 Organização curricular: currículo e o projeto político-pedagógico (PPP) na diversidade

A partir do momento que entendemos e assimilamos o conceito de inclusão nas escolas e em todas as suas práticas, temos de compreender que modificações, adaptações, diversificações e reestruturações são necessárias para contemplar todos os alunos, com ou sem deficiência.

Reconhecer as diversas formas e os vários estilos de aprendizagem dos alunos é um dos requisitos para propor um currículo integrado aos ritmos de aprendizagem e a todo o processo que envolve a assimilação de novos saberes.

Modernizações, adaptações físicas e remoções de barreiras atitudinais são iniciativas e práticas urgentes quando pensamos na inclusão dos alunos com deficiência. Além disso, a capacitação do professor, bem como sua formação continuada, também são indispensáveis para o alcance dos objetivos da escola inclusiva. Adequar posturas e metodologias de ensino que visem ampliar a possibilidade de participação de todos os alunos é tarefa de toda a equipe pedagógica da escola.

Ouvimos bastante que atrair os alunos para a aula, disponibilizar diferentes recursos e planejamentos para atender a estilos diferentes de aprendizagem e diversificar os objetivos educacionais para cada aluno e/ou turma é responsabilidade exclusiva do professor. Contudo, é extremamente necessário que, por trás do professor – como o responsável pelo processo de desenvolvimento cognitivo dos alunos e por sua aprendizagem – exista uma equipe pedagógica de qualidade, que exerça papel fundamental na inserção, manutenção e inclusão do aluno com deficiência na escola.

Desse modo, os coordenadores e professores devem conhecer a fundo cada aluno – seu nome, suas características, sua família, sua história pessoal, tudo o que diz respeito a ele, dentro e fora da escola. Além disso, diversificações curriculares devem ser promovidas também pelo coordenador, pois é ele quem auxilia a desenvolver o planejamento dos professores e na troca de ideias referentes aos alunos.

A direção também deve conhecer seu aluno e sua família, bem como promover a interação entre o estudante e a escola. O gestor não deve limitar seu papel a funções burocráticas, como contratações e demissões. Considerando que é na figura do diretor que está centralizada a decisão sobre o que pode ou não ser feito na instituição escolar, como suas regras e princípios norteadores, outros fatores vêm em auxílio dos alunos quando o diretor está realmente envolvido com sua comunidade escolar, preocupado com ela e empenhado em seu desenvolvimento pleno.

Além disso, também devemos refletir sobre o papel das demais equipes de trabalho presentes nas escolas, como a responsável pela limpeza e organização do espaço escolar. Elas também fazem parte do cotidiano do aluno na escola, de suas referências, de seus diálogos e de suas trocas de experiência, portanto promover a interação e o respeito entre alunos e essas equipes, formadas por jardineiros, copeiras, merendeiras, certamente modifica a qualidade das relações humanas no ambiente da escola. Para isso, todos os envolvidos no dia a dia da escola devem conhecer os alunos e se relacionar com eles de maneira saudável e harmoniosa, respeitando o limite de cada aluno.

Stainback e Stainback (1999) reforçam que a socialização é um aspecto importantíssimo para a inclusão bem-sucedida dos alunos nas escolas. Os autores compreendem que a convivência e as interações dela decorrentes são potenciais fontes de habilidades comunicativas, cognitivas e sociais.

Não podemos nos esquecer ainda de destacar a importância do trabalho multidisciplinar de toda a equipe pedagógica com os profissionais ligados diretamente à educação especial e da parceria destes com professores da classe comum, ambos personagens essenciais no maior objetivo educacional da escola: desenvolver o aprendizado de todos os alunos.

Os Parâmetros Curriculares Nacionais (PCNs) apresentam as seguintes propostas do ensino "adaptado" para o aluno com deficiência:

> As adaptações curriculares constituem, pois, possibilidades educacionais de atuar frente às dificuldades de aprendizagem dos alunos. Pressupõem que se realize a adaptação do currículo regular, quando necessário, para torná-lo apropriado às peculiaridades dos alunos com necessidades especiais. Não um novo currículo, mas um currículo dinâmico, alterável, passível de ampliação, para que atenda realmente a todos os educandos. Nessas circunstâncias, as adaptações curriculares implicam a planificação pedagógica e a ações docentes fundamentadas em critérios que definem: o que o aluno deve aprender; como e quando aprender; que formas de organização do ensino são mais eficientes para o processo de aprendizagem; como e quando avaliar o aluno. (Brasil, 1998, p. 33)

Ao pensar em adaptações como algo benéfico aos alunos, Mantoan (1998) propõe uma reflexão sobre como as adaptações devem ser vistas no contexto escolar:

> Não se adapta um currículo, tendo como desculpa a incapacidade de alguns, mas a capacidade diversificada de cada um dos alunos, para enfrentar as exigências da escola, capacidade essa que não é medida por testes, ou definida por objetivos específicos para este ou aquele, individualmente, mas apreciada a posteriori, pelo produto da aprendizagem de cada um. (Mantoan, 1998, p. 120)

Portanto, pensar no currículo e no projeto político-pedagógico (PPP) da escola é determinante, visto que algumas práticas consideradas "adaptações curriculares" podem excluir o aluno e, como consequência, minimizar os objetivos educacionais em nome da adaptação curricular.

Observe o que Miralha e Schulünzen (2007, p. 90) afirmam sobre uma forma de adaptação curricular direcionada aos alunos com deficiência mental:

> Algumas adaptações metodológicas e didáticas sugeridas causam certa estranheza, uma vez que passam a considerar um ensino individualizado dentro da sala comum, pensado especificamente para o aluno, independente do grupo-sala, como se fosse uma transposição do ensino especial para a sala comum.

Por outro lado, as orientações das Diretrizes Nacionais para a Educação Especial na Educação Básica, em seu 5º eixo (Brasil, 2001b), apresentam o aluno como ser individual e único, o que é indispensável ao processo de ensino-aprendizagem. Nesse sentido, propõe algumas diversificações na prática escolar e nos planos de aula, como:

- situar o aluno no trabalho com grupos diferenciados em seus níveis de aprendizagem;
- usar instrumentos de avaliação distintos para os alunos com necessidades de intervenção diferenciadas;
- proporcionar atividades complementares a todos os alunos, visando à sistematização dos conteúdos em sala de aula.

Dessa maneira, precisamos compreender e assimilar as diferenciações nas práticas de ensino para considerar o aluno como ser único em seus direitos e deveres. Para isso, não nos cabe mais dar aulas padronizadas somente numa proposta de ensino e em suas didáticas. Variar as aplicações em sala proporcionará maior e melhor desenvolvimento dos alunos, com ou sem deficiência.

Síntese

Apresentamos, neste capítulo, algumas das principais discussões sobre inclusão e integração dosalunos com deficiência nas escolas. Com base nessas argumentações, ressaltamos a importância do envolvimento direto da família com a escola e da comunicação entre escola e família para o sucesso do processo de ensino-aprendizagem da criança.

Destacamos também que o conceito de inteligência se alterou ao longo dos anos, graças a estudos como os de Howard Gardner, que representaram grande avanço no desenvolvimento de práticas educativas e nas diversificações curriculares a serem desenvolvidas em sala de aula pelo professor.

Também enfatizamos a importância de o PPP estar em consonância com o que discutimos a respeito das práticas de inclusão, avaliando se as posturas didático-pedagógicas estão retratadas apenas em documentos oficiais e ausentes na prática escolar.

Indicações culturais

Artigo

FARIA, M. A. de; TERUYA, T. K. Alfabetização na escola inclusiva na perspectiva histórico-cultural. In: PARANÁ. Os desafios da escola pública paranaense na perspectiva do professor PDE. **Cadernos PDE**, v. 1, 2014. Disponível em: <http://www.diaadiaeducacao.pr.gov.br/portals/cadernospde/pdebusca/producoes_pde/2014/2014_uem_edespecial_artigo_maria_aparecida_de_faria.pdf>. Acesso em: 2 jun. 2020.

> Sugerimos a leitura desse artigo para que você possa investigar as práticas pedagógicas de estudo e aplicação de estratégias de alfabetização na educação especial de modo a promover a construção do conhecimento no espaço das diferenças, conforme a perspectiva histórico-cultural de Lev Vygotsky.

Filme

ADAM. Direção: Max Mayer. EUA: Fox Searchlight Pictures, 2009. 99 min.

> Esse filme suscita reflexões acerca da vida de um rapaz com síndrome de Asperger que passa a viver sozinho após a morte de seu pai. A partir desse momento, ele inicia uma boa relação com sua vizinha Beth, que o ajuda a refletir sobre os percalços que a vida lhe apresenta.

Atividades de autoavaliação

1. Sobre as práticas de integração e inclusão nas escolas, podemos afirmar que:
   a) tanto a inclusão quanto a integração são processos que indicam a inserção de indivíduos com deficiência em todas as esferas sociais, educacionais, culturais etc., colocando sua pessoa como fator principal de qualquer prática, e não sua deficiência.
   b) os processos de inclusão e integração se diferenciam quando redirecionam o foco para a deficiência do indivíduo, compreendendo suas limitações.
   c) integração e inclusão são práticas diferenciadas, sendo que a primeira se refere a atitudes que colocam a pessoa e sua deficiência como adaptáveis ao meio.
   d) a prática da inclusão pressupõe que todos os seres humanos devem ter seus direitos preservados e que, portanto, incluir é dever da sociedade como um todo, principalmente da escola.
   e) integração e inclusão contemplam integralmente a legislação para as pessoas com deficiência.

2. As críticas relacionadas ao princípio da normalização, presentes no discurso da integração, dizem respeito à normalização de:
   a) regras e leis para receber todo aluno com deficiência na escola.
   b) deficiências, no intento de igualar as pessoas, deficientes ou não, defendendo a identidade de ser "normal".

c) práticas escolares, para que sejam comuns em todo o país.
d) funções dos docentes que atuam diretamente com alunos da educação especial.
e) práticas e metodologias em sala de aula, considerando a diversidade educacional.

3. Em relação aos estilos de aprendizagem, marque V para as afirmativas verdadeiras e F para as falsas:
   ( ) O indivíduo dotado de inteligência musical aprende melhor com melodias, rimas e músicas, pois propiciam suas potencialidades na aprendizagem.
   ( ) A inteligência interpessoal diz respeito à capacidade do indivíduo de se relacionar com os outros, demonstrando sua habilidade de argumentar e convencê-los.
   ( ) A inteligência corporal-cinestésica diz respeito à maior habilidade do indivíduo em sentir o aprendizado em seu corpo.
   ( ) A inteligência lógico-matemática diz respeito à capacidade de desenvolver e criar situações-problema e solucioná-las.

   A sequência obtida é:

   a) V, V, V, F.
   b) V, F, V, F.
   c) F, F, V, V.
   d) V, V, F, V.
   e) V, V, V, V.

4. Assinale a alternativa que apresenta a definição correta de inteligência interpessoal:

a) Capacidade de perceber com precisão o mundo visual-espacial e suas características logográficas.
b) Capacidade de utilizar as palavras em nosso vocabulário de forma efetiva.
c) Habilidade de perceber o humor, as intenções e os sentimentos que os outros possam vir a demonstrar em seu cotidiano.
d) Habilidade de sentir a natureza de forma a compreender suas relações com o conhecimento aplicado.
e) Inteligência interpessoal é a mesma que a intrapessoal, não havendo distinção entre elas.

5. Sobre comunidade escolar e inclusão, é correto afirmar que:
   a) todos, desde o diretor até os funcionários que lidam com os alunos de maneira indireta, devem estar cientes de sua responsabilidade e postura na escola, favorecendo o processo de inclusão no ambiente escolar.
   b) para o processo de inclusão ocorrer realmente em nossas escolas, é fundamental que a figura do professor seja exclusiva nesse processo, dependendo somente dele o atendimento aos direitos dos alunos com deficiência.
   c) a comunidade escolar não tem responsabilidade no processo de inclusão que ocorre nas escolas, pois isso diz respeito somente aos processos pedagógicos da instituição.
   d) o professor, por estar sempre com os alunos em sala de aula, é quem deve prever todo o processo de inclusão dos alunos com responsabilidade social.
   e) comunidade escolar e o processo de inclusão sempre andaram de mãos dadas, sem haver distinções aos sujeitos nas práticas escolares.

Atividades de aprendizagem

Questões para reflexão

1. Você já deve ter convivido com crianças e/ou adultos com espectro autista ou observado neles alguns comportamentos isolados, como ecolalia, alterações na linguagem, falta de contato corporal etc. Procure se lembrar de como você reagiu a essas situações ou do comportamento das pessoas que estavam com você nessas circunstâncias. Certamente essas memórias o ajudarão a refletir sobre as pessoas com deficiência e sua situação na sociedade. Depois disso, faça um relato sobre sua experiência e suas impressões e, em seguida, compartilhe-o com seus colegas.

2. Escolha uma música infantil e faça as adaptações necessárias para que ela possa ser aplicada com os alunos com espectro autista. Para validar sua atividade, você pode apresentá-la em sala de aula e verificar como seus colegas avaliam a atividade, permitindo interações e sugestões.

Atividade aplicada: prática

1. Procure saber se onde você estuda, ou na escola de alguma criança com quem você conviva (filho, sobrinho etc.), há crianças com autismo. Em seguida, redija algumas perguntas para entrevistar a professora desse aluno e conhecer um pouco mais sobre a prática e o planejamento dessa profissional em relação à inclusão dessa criança no espaço escolar. Em seguida, elabore um texto com esses dados para apresentar a seus colegas.

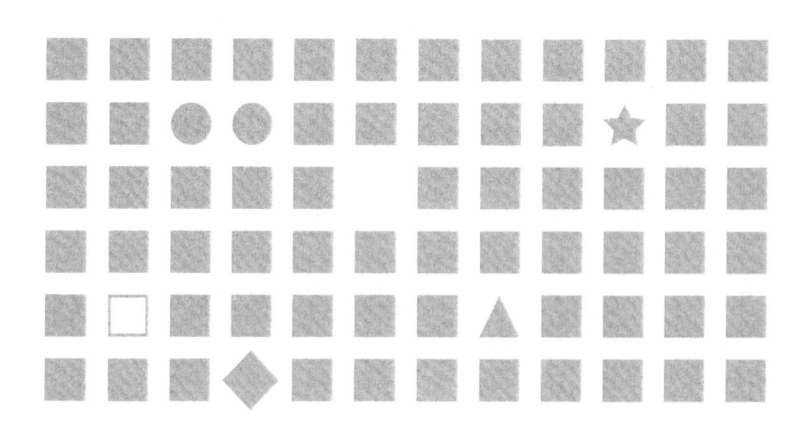

Capítulo 3
Concepções de alfabetização e letramento

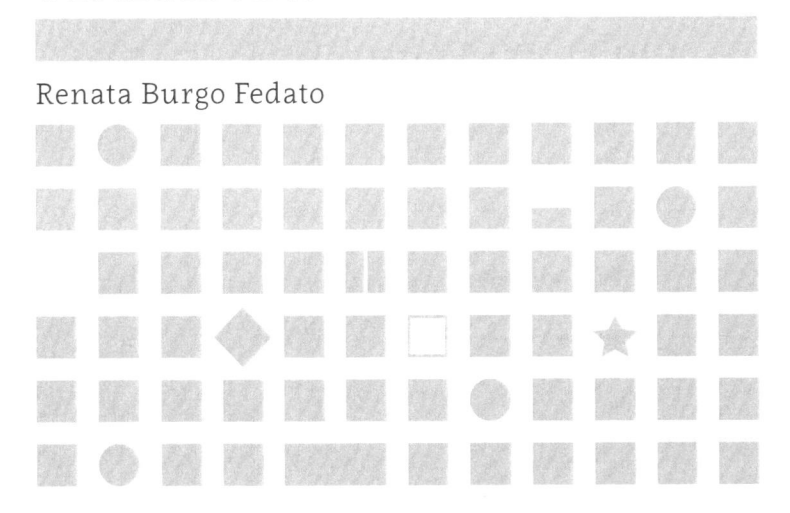

Renata Burgo Fedato

Neste capítulo, abordaremos as concepções de alfabetização e letramento. Essa discussão é necessária para compreendermos como se posiciona a alfabetização dos alunos com deficiência e como ela ocorre. Apresentaremos os principais métodos desses dois processos e o levaremos a refletir sobre as concepções do processo de escrita nas práticas de letramento. Assim, você compreenderá a função social da escrita e reconhecerá a importância da formação do professor alfabetizador.

3.1 Alfabetizar e letrar: estudos de algumas concepções

É extremamente importante pensarmos sobre a alfabetização em nosso país. Segundo a Pesquisa Nacional por Amostra de Domicílios (PNAD), do Instituto Brasileiro de Geografia e Estatística (IBGE), realizada em 2016 (Brasil, 2019), a taxa de analfabetismo no Brasil nesse ano era de cerca de 7,2%, o que corresponde a 11,8 milhões de analfabetos. Leia o seguinte panorama sobre o número de analfabetos em nosso país:

> A taxa de analfabetismo no país foi de 7,2% em 2016 (o que correspondia a 11,8 milhões de analfabetos), variando de 14,8% no Nordeste a 3,6% no Sul. Para pessoas pretas ou pardas, essa taxa (9,9%) era mais que duas vezes a das brancas (4,2%). Entre as pessoas de 60 anos ou mais de idade, a taxa de analfabetismo chegou a 20,4%, sendo 11,7% para os idosos brancos e 30,7% para os idosos pretos ou pardos. Em média, a população do país tinha 8,0 anos de estudo e as menores médias regionais eram do Norte (7,4 anos) e do Nordeste (6,7 anos). (Brasil, 2019)

Cientes do grande número de analfabetos em nosso país, precisamos nos questionar sobre o que falta para alcançarmos, como nação, a excelência nas práticas alfabetizadoras. A que se devem os altos índices de analfabetismo no Brasil e como podemos relacioná-los ao trabalho dos professores em sala de aula e suas concepções de alfabetização e letramento?

Para começar, vamos discutir o que é alfabetizar. Segundo Soares (1985, p. 16), o termo *alfabetização* pode ser entendido em seu sentido próprio e específico da seguinte maneira: "processo de aquisição do código escrito, das habilidades de leitura e escrita".

Você certamente já se questionou sobre a importância da escrita e da leitura no decorrer da história da humanidade. Sabemos que a escrita e seus registros são legados importantíssimos das gerações anteriores para as atuais e que, por estarmos imersos no mundo da escrita e da leitura, nunca deixamos de pensar sobre elas. Apesar disso, entre os vários motivos que explicam o analfabetismo e seus índices, podemos apontar como um deles a falta de compreensão do processo de escrita e leitura como um objeto social a ser aprendido e pensado criticamente.

Infelizmente, observamos que a escrita e a leitura realizadas em escolas e em diversos outros espaços educacionais estão permeadas por práticas meramente técnicas de codificação e decodificação, que não fazem sentido nem ao aluno, nem ao professor. Afirmamos que não têm sentido para o professor porque este, apesar de ser capaz de pensar e agir sobre sua maneira de ensinar, acaba reduzindo seu trabalho à aplicação de uma técnica que limita suas potencialidades e o impede de ir além com seu aluno no processo de ensino-aprendizagem.

Na década de 1980, a educadora Emília Ferreiro, em coautoria com Ana Teberosky, publicou seus estudos no livro *Psicogênese da língua escrita*, a obra mais conhecida entre os professores no que se refere à alfabetização. Ferreiro também concebeu a obra *Reflexões sobre alfabetização* e o texto *A representação da linguagem e o processo de alfabetização*, que tiveram grande repercussão quando lançados; seu conteúdo foi apropriado por inúmeros educadores, ocasionando na década de 1990 o surgimento de novas práticas pedagógicas, pautadas nos estudos da psicogênese.

O trabalho de Emília Ferreiro se aproxima muito dos estudos psicolinguísticos da leitura e da escrita; eventualmente, eles até mesmo se confundem. Segundo Soares (2011), os estudos de Ferreiro nos auxiliam no entendimento da caracterização para apreciação e reflexão sobre os possíveis problemas relacionados à alfabetização, como a maturidade linguística da criança para a aprendizagem da leitura e da escrita, a memória para assimilação do código escrito, as interações visuais e não visuais necessárias ao processo de leitura, a determinação da quantidade de informação apreendida pelo sistema visual quando a criança lê, entre diversos outros fatores.

A alfabetização é um processo de múltiplas facetas. Se a observarmos em seu aspecto linguístico, podemos focalizar o "progressivo domínio de regularidades e irregularidades" (Soares, 2011, p. 8) da língua materna, além de compreender que sua natureza também pode ser sociolinguística, uma vez que o sistema de comunicação escrita também é marcado pelos valores culturais e pelo contexto socioeconômico em que a língua é usada.

Pensaremos agora sobre as práticas da alfabetização que utilizam demasiadamente as cartilhas. Certamente, se você relembrar seu processo de alfabetização ou o de alguns familiares, lembrará da famosa frase "Ivo viu a uva". Interessante observar como, nessa frase, o foco era trabalhar a letra "v" e sua sonoridade, destacando-se para isso somente palavras com a consoante citada. Vamos refletir um pouco sobre a frase. Não há problema em se fazer associações por meio da sonoridade das palavras, certo? De fato; no entanto, queremos convidar você a fazer os seguintes questionamentos:

- Há um aluno chamado Ivo em sala de aula?
- Ivo realmente viu a uva?
- Ivo gosta de uva?
- Em que região Ivo vive para falarmos da fruta *uva*?

Essas perguntas nos levam a pensar no porquê de certas atividades em sala de aula e se realmente estamos contemplando a realidade dos alunos nas práticas de leitura e escrita.

Consideremos a primeira pergunta: "Há um aluno chamado Ivo em sala?". Veja: se na classe não existe um aluno chamado Ivo, talvez a frase proposta não faça sentido aos alunos. Feliz do Ivo que estiver em sala nesse momento, pois certamente se sentirá muito mais animado em participar do que os alunos com outros nomes.

Entretanto, indagamos a você: todas as atividades que fizermos em sala precisam ter o nome dos alunos para que tais trabalhos façam sentido? Respondemos a essa pergunta com outras: "Você, se fosse criança, gostaria de ver seu nome nas atividades de sala?"; "Você se sentiria mais presente no contexto da atividade?". Certamente você respondeu que sim, e é por meio dessa constatação que sempre indicamos aos alunos de Pedagogia que, ao elaborar um plano de aula – para alfabetizar ou não –, coloquem seus alunos como atores das atividades.

Outra pergunta disparadora da nossa reflexão é: "Ivo viu a uva?". Fazemos esse questionamento porque geralmente os professores se esquecem de associar a cultura e os costumes regionais ao contexto de seus alunos. Por exemplo: para um aluno que está na Região Sul do Brasil, a palavra *uva* faz sentido, pois certamente já a viu no mercado ou mesmo no jardim de casa, bem como já bebeu suco de uva, muito produzido regionalmente. E quanto aos alunos do Acre, Amapá, Amazonas, Pará, Roraima, Rondônia e Maranhão, localizados na Amazônia brasileira? Talvez nunca tenham visto uma uva, mas certamente conhecem bem o açaí, principal produto da agroindústria da região. Será que não faria mais sentido conectar esses alunos à sua região para que conseguissem representar em sua imaginação a fruta e seu sabor?

Outra pergunta sobre a qual queremos refletir é "Ivo gosta de uva?". Certamente, se você gosta de uvas, consegue imaginar o sabor azedo ou doce dessa fruta. Ao mesmo tempo, consegue formar imagens mentais de uvas com diversos formatos, tamanhos, cores e até mesmo cheiros. E por que não pensarmos assim, ao destacar a escrita e a leitura para nosso aluno? Por que não despertarmos os sentidos das crianças quando as alfabetizamos? Se, como dito anteriormente, estivermos em regiões na qual o açaí é a fruta característica, será fácil e prazeroso imaginar seu sabor, seu cheiro, sua cor etc.

Para concluir, vamos pensar na última pergunta: "Em que região vive Ivo para falarmos da uva?". Mais uma vez, instigamos você a pensar em seu aluno quando sugerir as atividades em sala. Soares (2011) chama a atenção ao refletir sobre o processo de alfabetização nas escolas afirmando que ela sofre a marca da discriminação, favorecendo as classes economicamente privilegiadas. Portanto, considerar todos esses pontos também faz parte da alfabetização desenvolvida nas escolas.

Mas o que fizemos com as cartilhas tão utilizadas no século XIX? O que podemos entender de suas propostas em sala de aula?

Desconectadas da realidade e da contextualização do ensino, as cartilhas serviam como pré-requisito e preparação para a alfabetização dos alunos. Fedato (2015, p. 16.816) aponta que "até a década de 1980 entendia-se alfabetização pela capacidade de codificar e decodificar os códigos da língua escrita e falada, ou seja, a aquisição do sistema convencional de escrita, em que a ênfase estava na cópia excluindo as possibilidades de recriar". De acordo com Ferreiro (1993, p. 19),

> A ênfase praticamente exclusiva na cópia, durante as etapas iniciais da aprendizagem, excluindo as tentativas de criar representações para séries de unidades linguísticas similares (listas) ou para mensagens sintaticamente elaboradas (textos), faz com que a escrita se apresente como um objeto alheio à própria capacidade de compreensão. Está ali para ser copiado, reproduzido, porém, não compreendido, nem recriado.

Quais são, então, os principais objetivos da alfabetização? Documentos oficiais, programas e planos para alfabetização desenvolvem a ideia de que a criança deve ser introduzida no mundo da leitura e da escrita por meio do prazer da leitura e da possibilidade de ser capaz de se expressar por escrito. Contudo, sabemos que as práticas convencionais levam o aluno a praticar a leitura como forma técnica estereotipada, sem funções comunicativas reais:

> a expressão escrita é tão pobre e precária que inclusive aqueles que chegam à universidade (superseleção daqueles que chegaram ao curso primário) apresentam sérias deficiências que levaram ao escândalo da presença de "oficinas de leitura e redação" em várias instituições de nível superior [...]. (Ferreiro, 1992, p. 18)

Vale destacar que, como afirma Ferreiro (1992), a alfabetização não pode ser considerada um estado ao qual se chega, mas sim como um processo que se inicia na maioria das vezes na própria escola e certamente não termina quando finalizamos nosso período escolar. É aí que falamos em apropriação da escrita como prática social, ou seja, se alfabetizamos alunos com ou sem deficiência, precisamos compreender que a escrita e a leitura acontecerão em seu mundo e em sua prática cotidiana. Por isso, em vez de compreendermos e praticarmos o ensino com base na memorização de letras e sons, podemos e devemos considerar sua utilização em vários espaços não escolares, como:

1. supermercados;
2. bancos;
3. cinemas;
4. mundo do trabalho;
5. placas de trânsito;
6. folhetos de promoções;
7. folhetos informativos;
8. participação social ativa etc.

Portanto, é necessário (ou, melhor dizendo, imprescindível) ao professor compreender que o ambiente escolar não é o único espaço alfabetizador com o qual o indivíduo irá se deparar, por isso a necessidade de envolvê-lo didaticamente com diversos materiais e possibilidades de leitura e escrita.

3.2 Fundamentos teóricos dos métodos de alfabetização e letramento

Muito se tem escrito, pensado e pesquisado sobre os métodos de alfabetização por meio de diferentes áreas do conhecimento, como a psicologia, a linguística e certamente a pedagogia. No entanto, sabemos que diversas pesquisas a respeito do tema tentam centralizar no aluno a capacidade ou não de aprender a ler e escrever. Para isso, tais estudos buscam razões de diversas instâncias: sociológicas, psicológicas, culturais, biológicas, familiares etc.

Outro ponto a ser abordado pelos pesquisadores é o foco na eficiência ou ineficiência do professor e de suas práticas pedagógicas em relação às escolhas dos métodos de ensino e dos materiais pedagógicos que acompanham suas práticas.

Não queremos aqui apontar o responsável pelo sucesso ou insucesso da aprendizagem no processo de escrita e de leitura, mas sabemos que todos os pontos apresentados anteriormente estão, em parte, relacionados ao desempenho dos alunos na alfabetização e, principalmente, no letramento.

Tendo esse panorama em vista, o que podemos entender por *alfabetização*?

De modo algum desejamos minimizar a importância do assunto, pois sabemos de sua grande complexidade e da demanda cada vez maior por estudos e pesquisas na área. Mas certamente podemos entender o conceito de alfabetização com base nos estudos da psicogênese da língua escrita, ou seja, nas obras de Emília Ferreiro e de Magda Soares.

Soares (2011, p. 19) afirma que o conceito de alfabetização pode incluir o de abordagem "mecânica do ler/escrever, o enfoque da língua escrita como um meio de expressão/compreensão, com especificidade e autonomia em relação à língua oral e, ainda, os determinantes sociais das funções e fins de aprendizagem da língua escrita".

Portanto, quando abordamos o conceito de alfabetização, entendemos o conjunto de habilidades necessárias para todo o desenvolvimento da leitura e da escrita.

Alguns enfoques necessários, com base em diferentes concepções, podem e devem ser analisados pelo próprio professor em sala de aula com seus alunos, compreendendo que, como afirmamos nos capítulos anteriores, eles podem ter diferentes estilos de aprendizagem e que, partindo da autonomia e do conhecimento/da experiência que acreditamos ter o educador cabe a ele decidir qual será a melhor abordagem para cada estudante.

Para refletir

Em nossas experiências na educação básica, já nos deparamos com diversas situações em que tentávamos aplicar determinado método de ensino a um aluno e percebíamos que seu modo e estilo de aprendizagem não condiziam com aquilo que estávamos tentando lhe "impor".

> Por isso, recomendamos a você observar seus alunos em diversos momentos na escola, em diferentes espaços, como sala de aula, pátio, aulas de Educação Física, de Arte, entre outras que porventura a escola ofereça. Assim, você poderá entender que a forma de reagir, interagir e se manifestar, pode dizer muito sobre o aluno, indivíduo em constante transformação e aprendizagem.

E quanto ao conceito de letramento, como podemos entendê-lo e defini-lo?

Nas literaturas e até mesmo nas práticas descritas pelos professores, percebemos que esse conceito permanece de certo modo impreciso, o que é compreensível, já que o termo é recente na área da educação, datado mais precisamente da década de 1980, concebido na área de Letras. O conceito de letramento, por sua vez, ganhou grande destaque por meio dos estudos de Magda Soares a partir da década de 1990, e são eles que de certa maneira mais influenciaram as práticas educativas no dia a dia da alfabetização, nas propostas educacionais e pesquisas.

Contudo, ao dicotomizarmos as práticas entre técnica × prática, técnica × conhecimento, entre outras diferentes polarizações, corremos o risco de perder especificidades necessárias em ambas as características, por conseguinte esvaziando as práticas e seus aprendizados[1].

Obviamente, não pretendemos esgotar os estudos existentes sobre alfabetização, letramento e uso social da escrita. Nesta

---

[1] Indicamos uma consulta aos estudos de Bakhtin (1998) sobre gêneros do discurso e o valor social da língua escrita e falada.

obra, daremos ênfase às práticas mais recorrentes no campo da educação.

Assim, com base nos estudos de Soares (2002), entendemos que o conceito de letramento se configura para além de práticas e usos sociais da língua escrita e falada, sendo o *"estado ou condição de quem exerce as práticas sociais de leitura e escrita, de quem participa de eventos em que a escrita é parte integrante da interação entre pessoas e do processo de interpretação dessa interação [...]"* (Soares, 2002, p. 145, grifo do original)

Shirley Heath (1982, citada por Soares, 2002) afirma que os eventos de letramento são todas as situações em que "um portador qualquer de escrita é parte integrante da natureza das interações entre os participantes e de seus processos de interpretação" (Soares, 2002, p. 145).

A autora ainda afirma que exercer efetivamente a prática da escrita e da leitura é algo necessário à participação ativa e efetiva na sociedade, sendo o estado e/ou a condição de quem não é analfabeto, que confere aos indivíduos a condição de se inserirem em uma sociedade letrada. O letramento é, por fim, o contrário de analfabetismo.

Não podemos deixar ainda de mencionar que nosso cotidiano é permeado por práticas de leitura e escrita que envolvem as tecnologias de comunicação eletrônica, como o computador e a internet, que necessitam de práticas e reflexões para serem bem utilizadas.

Podemos então falar em métodos de alfabetização que venham a propiciar a reflexão sobre o ato de escrever, ler e interagir socialmente com as práticas de leitura e escrita, visando à ativa participação do indivíduo na sociedade. Na próxima seção, ampliaremos a abordagem sobre os métodos de alfabetização e suas principais características, lembrando que, quando discutimos e analisamos as possibilidades de cada um desses métodos, estamos partindo de pressupostos sobre como a criança aprende e o que é linguagem. Ressaltamos, mais uma vez, que não pretendemos esgotar a discussão sobre o tema ou apresentar todos os métodos existentes em vista dos objetivos desta obra e de sua formação, leitor.

3.3 Processos históricos de construção de leitura e escrita

Você já deve ter visto/ouvido várias discussões sobre como alfabetizar e qual método utilizar. Não poucas vezes, sentimo-nos perdidos frente a tantos métodos e discussões. Em virtude disso, precisamos conhecê-los e saber por que existem e em que se baseiam para se difundirem tão frequentemente pelos países e nas práticas dos professores em sala de aula.

Inicialmente, podemos afirmar que existem basicamente dois tipos de métodos de alfabetização, os sintéticos e os analíticos e que, a partir da década de 1930, surgiu uma combinação entre eles. Focaremos nossos estudos aos que tiveram mais ênfase nas escolas.

O método sintético prioriza o ensino com base nas unidades menores da língua, ou seja, trabalha, a princípio, com letras, fonemas e sílabas; posteriormente, passa-se às palavras e frases. Você conhece alguma cartilha ou já teve contato com pessoas que utilizaram esse método? Segundo Mortatti (2000), a partir de 1890, deu-se um impulso nacionalizante a esse tipo de material por parte dos órgãos governamentais. Você sabe como e com base em que compreensão uma cartilha ensina? Mortatti (2000, p. 43) afirma que:

> Dever-se-ia, assim, iniciar o ensino da leitura com a apresentação das letras e seus nomes, de acordo com certa ordem crescente de dificuldade. Posteriormente, reunidas as letras em sílabas e conhecendo-se as famílias silábicas, ensinava-se a ler palavras formadas com essas sílabas e letras e, por fim, ensinavam-se frases isoladas ou agrupadas. Quanto à escrita, esta restringia-se à caligrafia e seu ensino, à cópia, ditados e formação de frases, enfatizando-se a ortografia e o desenho correto das letras.

Importa-nos verificar como o ensino parte das unidades menores, com nível de complexidade menor, para as maiores. Primeiramente temos as sílabas; delas se parte para os vocábulos e em seguida para os exercícios de fixação, voltados para um processo de memorização.

Figura 3.1 – Exemplo de lição de alfabetização com as famílias silábicas

VA – VE – VI – VO – VU

VACA – VELHO – VIDRO – VOVÓ – VULCÃO

Contudo, segundo Mortatti (2000), as cartilhas também foram usadas pelos métodos mistos em decorrência da repercussão dos testes ABC, de Lourenço Filho, e da "marcha analítica", cujo foco é o processo de "palavração e sentenciação", divulgado inicialmente no estado de São Paulo pelas reformas da Instrução Pública de 1890.

Por meio dessas discussões, percebemos que novas diretrizes foram dadas até mesmo para o trabalho com as cartilhas, mas partindo , segundo Mortatti (2000, p. 3), de alguns princípios operantes sobre concepções de alfabetização, leitura e escrita:

- alfabetização: processo de ensinar e aprender o conteúdo da cartilha, de acordo com o método proposto, o que permite considerar alfabetizado o aluno que tiver terminado a cartilha com êxito, ou seja, que tiver aprendido a ler e escrever, podendo, assim, começar a ler e escrever.
- leitura e escrita: instrumentos de aquisição de conteúdos escolares, cuja finalidade e cuja utilidade se encerram nos limites da própria situação escolar, ou seja, de ensino e aprendizagem.
- texto: conjunto de frases, por vezes com nexos sintáticos entre si, constituído de palavras escolhidas de acordo com o nível de dificuldade adequado ao momento de aprendizagem.
- linguagem/língua: expressão do pensamento e instrumento de comunicação, cujo funcionamento assume características especificamente voltadas para a situação de ensino e aprendizagem escolares.

Observe que, no primeiro tópico, **alfabetização**, a autora afirma que o término da utilização das cartilhas se dava com o êxito no processo de alfabetização. Portanto, era considerado alfabetizado o aluno que concluísse a cartilha, passando por todos os períodos de construção – contato com as letras, as sílabas e, na sequência, com os pequenos textos, historietas – desvinculados da realidade do aluno e desconexos do mundo infantil. Em relação ao tópico **leitura e escrita**, percebemos que essas atividades estavam limitadas a situações da própria escola, sugerindo a limitação do uso social da escrita e da leitura, focalizando na assimilação dos conteúdos escolares.

Na discussão sobre **texto**, percebemos o crescimento do nível de dificuldade, ou seja, primeiramente apresentavam-se textos curtos, com poucas palavras, para depois serem inseridas gradualmente, novas possibilidades.

Por fim, Mortatti (2000) passa aos conceitos de **linguagem e língua**, demonstrando que sempre estiveram a serviço dos conteúdos escolares e das práticas da escola, esvaziados do sentido amplo do uso social da escrita e da competência do aluno como leitor e escritor.

Em suma, a respeito da utilização de cartilhas para alfabetização no Brasil, entendemos que a escola brasileira segue na tentativa de oferecer ao estudante o acesso à cultura escolar, mediada pelas cartilhas até mesmo nos dias atuais. Por isso, é extremamente importante compreendermos que o instrumento a ser utilizado com os alunos (cartilha ou outro material didático) não substitui o professor em sala de aula e nunca o excluirá de suas atuações. Portanto, quando falamos em alfabetização com ou sem cartilha, devemos necessariamente considerar a atuação do professor, pois, sem ele, nada acontece, nem a alfabetização, nem o letramento dos alunos.

Mortatti (2000) aponta que a cartilha se apresenta como um instrumento emblemático, substitutivo de todo o trabalho docente e dos alunos, apresentando-se como um portal do mundo prometido, formando o modo de pensar, sentir, querer e agir por meio de uma imagem idealizada da língua e da linguagem que certamente se apresentam como modelos equivocados de leitura, escrita e texto.

A seguir, apresentaremos brevemente alguns métodos sintéticos de alfabetização e suas características.

Método fônico ou fonético

O método fônico, também chamado de *fonético*, integra o método sintético e utiliza correspondências grafofônicas, ou seja, focaliza a relação direta entre fonemas (som da fala) e grafemas (escrita).

De acordo com Frade (2005), esse método surge como crítica ao da soletração[2], e sua utilização é mencionada em países como França, Alemanha, e Itália, com Montessori (1907).

O principal foco desse método está no som, tanto das vogais quanto das consoantes, partindo do simples ao mais complexo. Você pode se questionar: "Qual é o sentido desse método para a criança?". Segundo Frade (2020b), foram inseridas diversas formas de apresentação dos sons por meio de palavras significativas, vinculadas a imagens ou até mesmo a personagens, para contextualizar o método, trabalhando com onomatopeias ou com histórias. Veja:

> destacar o som, seja em posição inicial ou no meio da palavra, conforme o exemplo "o professor pronunciará vvvvá e em seguida perguntará às crianças: o que é que soa antes do a? Naturalmente, os alunos aproximarão o lábio inferior dos

---

[2] O método da soletração corresponde à prática de soletrar todas as letras com sons, por exemplo: a, bê, cê, dê etc.

dentes de cima e emitirão a voz inicial vvvv vocalizada pelo professor". (Frade, 2020b)

Outra cartilha associada ao método fônico é o livro *Minha abelhinha*, em que sons e fonemas se relacionam com histórias.

Segundo Capovilla e Capovilla (2003), o método fônico é erroneamente confundido com o modelo tradicional de ensino da década de 1980. Este se concentrava na aprendizagem repetitiva das sílabas; contudo, segundo os autores, o método fônico é dinâmico e lúdico e tem foco na **consciência fonológica** do aluno, termo discutido e incentivado a partir do século XX.

Segundo Santos e Ribeiro (2017), são características do método fônico:

- apresentação e repetição do nome e som das letras em voz alta;
- brincadeiras envolvendo o nome e o som produzidos por consoantes, vogais e sílabas;
- leitura com duas técnicas: análise e síntese;
- segmentação das partes da palavra;
- junção e decomposição de palavras e sílabas;
- separação de palavras (composição de fonemas e formação de palavras).

Já de acordo com Jardini (2010, p. 110),

> Essa metodologia é utilizada em muitos países e explicitada com muita propriedade no livro *Alfabetização Infantil* (Cardoso; Martins et al, 2005). Encontramos como exemplos do método fônico no Brasil, Meirelles e Meirelles (*Casinha Feliz* e *Tempo de Despertar*, meados de 1960); Silva, Pinheiro e Cardoso (*A Abelhinha*, 1973); Capovilla e Capovilla (*Alfabetização Fônica*, 2002) [...].

Certamente não esperamos esgotar o assunto aqui, pois sabemos que o conhecimento científico se reestrutura por meio de pesquisas e estudos. Contudo, é importante que os professores conheçam essas possibilidades para a sala de aula, de modo que possam entender o aluno como um sujeito em constante transformação e que diferentes metodologias são necessárias para enriquecer as possibilidades em sala de aula. Apresentaremos a seguir outro método sintético.

Método das Boquinhas®
Desenvolvido com foco na fundamentação fonovisuarticulatória sintética, esse método se utiliza de estratégias fônicas (fonema/som) e visuarticulatórias (articulemas/boquinhas). Segundo Santos e Ribeiro (2017), ele foi criado intencionalmente para crianças que manifestassem dificuldade na aprendizagem das letras, dos fonemas e, como consequência, na escrita.

De abordagem multissensorial, esse método foi idealizado pela fonoaudióloga Renata Savastano R. Jardini, em 1985, e recebeu adaptações em cooperação com profissionais da área de pedagogia. Por meio dele, a criança associa o som das letras ao movimento da boca, compreendendo e visualizando seus movimentos.

Observe as Figuras 3.2 a 3.6 para ter uma ideia de como esse método funciona.

Figura 3.2 – Movimento da boca associado à pronúncia da vogal A

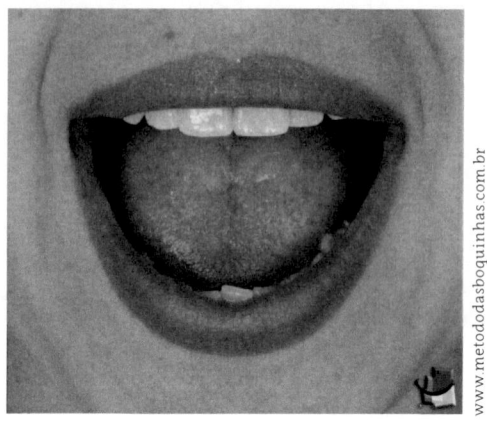

A a

Fonte: Jardini; Guimarães, 2015.

Figura 3.3 – Movimento da boca associado à pronúncia da vogal E

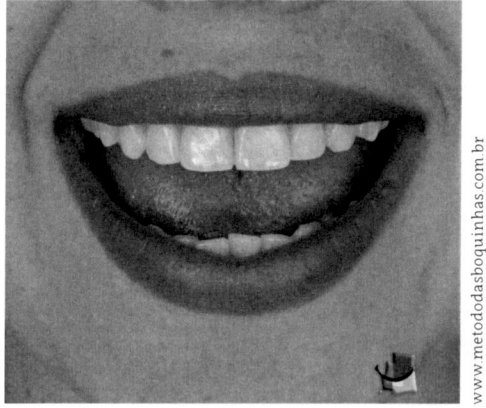

E e

Fonte: Jardini; Guimarães, 2015.

Figura 3.4 – Movimento da boca associado à pronúncia da vogal I

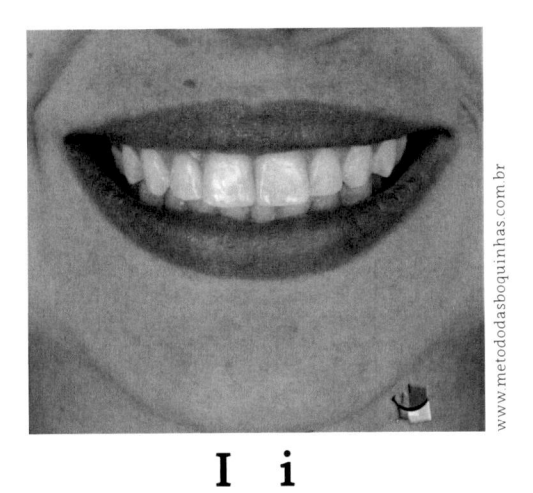

I i

Fonte: Jardini; Guimarães, 2015.

Figura 3.5 – Movimento da boca associado à pronúncia da vogal O

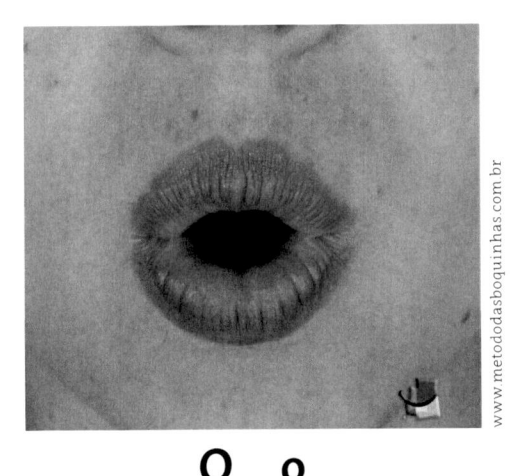

O o

Fonte: Jardini; Guimarães, 2015.

Figura 3.6 – Movimento da boca associado à pronúncia da vogal U

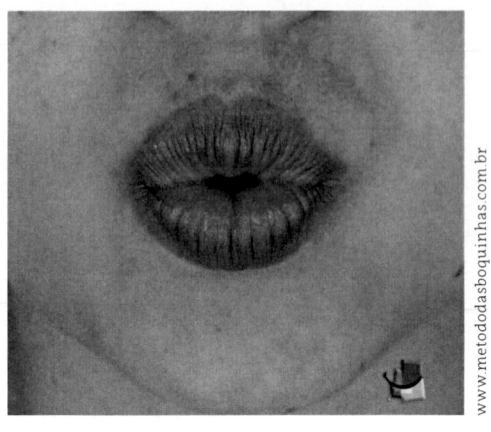

U u

Fonte: Jardini; Guimarães, 2015.

Como podemos observar, o método fonovisuoarticulatório trabalha com o movimento da boca, o que, para alguns alunos, favorece o aprendizado do alfabeto para aquisição da escrita e da fala.

Método multissensorial (dislexia)
Tal método articula diversos fatores que propiciam o desenvolvimento de aspectos sensoriais em consonância com a alfabetização.

Segundo Capovilla e Capovilla (2003), articular texturas, cores e tamanhos em suas variadas formas de representação pode auxiliar os alunos no reconhecimento das letras e dos fonemas.

Esse método vem sendo pesquisado e utilizado com crianças que apresentam dislexia, pois, como as dificuldades fonológicas são o principal ponto de interesse desse método, ele auxilia na compreensão da correspondência entre letra e som (grafema e fonema).

Nesse método as percepções táteis, visuais, sensoriais e auditivas são trabalhadas conjuntamente ao reconhecimento das letras, palavras e frases. Enfatizam-se os sons que as letras representam e a composição fonológica das palavras. Além disso, por meio da visão é possível destacar, com variadas cores, formas e tamanhos, as letras e suas composições. No fator cinestésico, pode-se dar prioridade aos trabalhos que exijam o traçado da letra e da palavra, com direções determinadas e diferentes texturas, com objetos que correspondam às palavras a serem conhecidas e reconhecidas. Além disso, o método permite articular a memória das letras e das palavras de forma consciente e intencional. Isso porque, de acordo com Ferreira, Akeho e Ferrari (2017, p. 767),

> é necessário traçar estratégias para que o aluno disléxico consiga acompanhar o processo de ensino tais como antecipação de matéria, uso de recursos audiovisuais como filmes, demonstração prática, avaliação de modos alternativos como a forma oral ou gravada, jogos pedagógicos como jogo de memória, quebra-cabeça, revisões diárias da matéria aprendida, novos conteúdos devem ser inseridos de forma minuciosa, reforço e intervenção escolar quando necessário. Isso só será possível quando se pensar na individualidade do aluno.

Nas Figuras 3.7 a 3.11, você pode verificar diferentes maneiras de como esse método pode ser aplicado.

Figura 3.7 – Desenhando letras em caixas de areia

O desenhar na areia, ou em outro material que facilite apagar e escrever rapidamente, possibilita o "desenhar" da letra de forma lúdica e prazerosa. Na Figura 3.7, vemos o desenho da letra S, que pode ter sido feito com o dedo ou com uma haste, o que habilitará a criança para o traço fino com o lápis.

Figura 3.8 – Construção de cenários

Julia Kuznetsova/Shutterstock

A produção de cenários possibilita às crianças desenvolver a oralidade e a noção da sequência temporal dos fatos, instigando-a a usar o vocabulário de modo mais rico, ao mesmo tempo que propicia um momento de criação dos objetos que dão vida a sua história e de interação com esses elementos.

Para desenvolver a consciência fonológica, é possível construir um cartaz, junto com os alunos, com imagens de objetos familiares às crianças, como um ovo, por exemplo, e, ao lado de cada imagem, colar fotos de boquinhas produzindo os sons que representam cada letra que forma o nome do objeto (no caso do ovo, uma foto de uma boca dizendo "o", outra foto com a boca dizendo "v" e uma terceira foto de uma boca dizendo "o"). Em seguida, os alunos leem seguindo as imagens. Observe que o foco da atividade é o aspecto fonológico dos fonemas.

Também é possível traçar letras no chão em tamanho grande de modo que as crianças consigam caminhar sobre seu traçado. O método multissensorial envolve o corpo e seus movimentos, por isso, ao colocar a criança para se movimentar sobre o traçado das letras e palavras você as ajudará a ter consciência do alfabeto e reconhecê-lo.

3.4 Função social da escrita

Você já deve ter percebido que métodos não determinam o sucesso ou insucesso na aprendizagem da leitura e da escrita, não é mesmo? A crença em métodos milagrosos, capazes de alfabetizar todas as crianças, já foi superada por meio de várias pesquisas e renovações de práticas.

Segundo Soares (1985), o insucesso da alfabetização recai sobre vários sujeitos e elementos, como:

- o aluno;
- o professor;
- o material didático;
- o próprio código escrito.

Por isso, é essencial considerarmos as metodologias de alfabetização juntamente às reais condições de trabalho dos professores, assim como às políticas que venham a favorecer o desenvolvimento das escolas em conjunto com os alunos. Isso porque

> As dificuldades de aprendizado se devem muitas vezes ao fato de que várias aprendizagens sobre o código escrito ficam fragmentadas. Ou seja, a criança não faz relação entre diferentes conhecimentos que têm sobre a escrita e a leitura, e por isso não se alfabetiza. O desafio é saber desenvolver, por meio de outras atividades pedagógicas e culturais, essas redes de neurônios do cérebro para que o aluno consiga fazer as conexões necessárias para ler e escrever. (Brasil, 2006a)

Quando nos propomos a discutir e pensar sobre o uso social da escrita, não devemos nos ater somente àquilo que seja, ao mesmo tempo, útil e prático para a sociedade, mas precisamos considerar aquilo que esteja vinculado às necessidades, aos valores e a suas práticas para o desenvolvimento da leitura e da escrita. Segundo Soares (2004, p. 72), precisamos saber "o que as pessoas fazem com as habilidades de leitura e escrita em um contexto específico" e "como estas habilidades se relacionam com as necessidades, valores e práticas sociais".

Portanto, estamos discutindo mais do que o aprender a ler e escrever, ou seja, estamos considerando o reconhecimento de diferentes gêneros textuais, sua função simbólica, as variações linguísticas, além dos processos psicológicos que envolvem a alfabetização. Afinal de contas,

> o universo escrito, ou seja, a escrita tornou-se um objeto referente somente à escola. Entretanto, a forma como a escola vem nos apresentando à escrita e à leitura tem sido muito desvinculada de sua real necessidade e utilidade. O ato de

ler e escrever circunscreve uma atividade prazerosa e útil, desde que não seja apresentada de maneira repetitiva e sem finalidades, como cópias e "decorebas" que se transformam em atividades monótonas e desestimulantes a qualquer indivíduo. (Fedato, 2015, p. 16.816)

Sobre a função social da escrita, podemos salientar o Pacto Nacional pela Alfabetização na Idade Certa (Pnaic), lançado pelo Ministério da Educação (MEC), por meio do qual se lançou uma série de cadernos de formação que contemplam desde o 1º ano do ensino fundamental I até a educação no campo, juntamente à educação especial. Apesar de envolverem também as altas habilidades e os transtornos globais do desenvolvimento, os cadernos temáticos se propõem a tratar especificamente de deficiências de ordem motora, cognitiva e sensorial (visual e auditiva)[3].

Trabalhar com a função social da escrita ainda nos leva às questões do letramento, em que leitura e escrita se relacionam com artefatos culturais essencialmente importantes:

> Pode-se afirmar que a escola, a mais importante das agências de letramento, preocupa-se não com o letramento, prática social, mas com um tipo de prática de letramento, a alfabetização, o processo de aquisição de códigos (alfabético, numérico), processo geralmente concebido em termos de uma

---

[3] Caso tenha interesse em conhecer esse material, acesse: BRASIL. Ministério da Educação. Secretaria de Educação Básica. Diretoria de Apoio à Gestão Educacional. **Caderno de Educação Especial**: a alfabetização de crianças com deficiência - uma proposta inclusiva. Brasília, 2012. Disponível em: <http://www.serdigital.com.br/gerenciador/clientes/ceel/material/109.pdf>. Acesso em: 3 jun. 2020.

competência individual necessária para o sucesso e promoção da escola. Já outras agências de letramento, como a família, a igreja, a rua como lugar de trabalho, mostram orientações de letramento muito diferentes. (Kleiman, 2008, p. 20)

Assim, trabalhar com os gêneros textuais possibilita as práticas de letramento, direcionando o olhar do aluno ao uso da leitura e da escrita em seu cotidiano, mesmo que para além dos muros da escola. Para esse trabalho, vamos pensar na utilização da escrita de acordo com os diferentes gêneros textuais. Você pode, por exemplo:

- desenvolver uma lista de itens de supermercado para os alunos comprarem com suas respectivas famílias;
- criar com os alunos um diário no qual deverão registar a visita da mascote da classe (um boneco ou bicho de pelúcia) à casa dos alunos, uma vez por semana ou a cada 15 dias;
- propiciar um momento no qual, após degustarem frutas, os alunos registrem o nome delas num mural e façam uma tabela com suas preferências;
- promover momentos de culinária em sala ou até mesmo escrever um livro de receitas com as crianças;
- produzir bilhetes a serem distribuídos pela escola;
- confeccionar e dispor placas de sinalização nos principais locais da escola.

A partir do momento que entendemos o real significado de *alfabetização e letramento*, é nosso papel como professores alfabetizadores possibilitar aos alunos momentos em que a leitura e a escrita se tornem úteis, práticas e com valores sociais e culturais.

3.5 Formação continuada do professor alfabetizador

O professor alfabetizador deve ter ciência de que encontrará em uma sala de aula diversas maneiras e estilos de aprendizagem, crianças com ou sem deficiência, com ou sem dificuldades na aprendizagem na escrita, na fala, na coordenação motora, entre tantas outras possibilidades.

Para isso, é importante reconhecer o que podemos e devemos desenvolver nos alunos com deficiência. A seguir, apresentamos as recomendações do caderno do Pnaic para a educação especial e os objetivos de ensino quanto aos alunos com cegueira, baixa visão, surdez, deficiência física e deficiência intelectual. Acompanhe:

Alunos com cegueira
- Ensinar o sistema Braille.
- Realizar atividades de orientação.
- Ensinar atividades de vida diária (AVD).
- Transcrever materiais do Braille para tinta e vice-versa.
- Fazer adequação de materiais didático-pedagógicos em parceria com os Centros de Atendimento Pedagógico para Deficientes Visuais (CAPs).

Alunos com baixa visão
- Ensinar a usar os recursos ópticos e não ópticos.
- Estimular o resíduo visual por meio de materiais que tenham cores fortes e contrastantes.
- Ampliar a fonte dos textos.

- Produzir materiais com contraste visual.
- Produzir materiais didático-pedagógicos adequados ao tipo de visão dos alunos.

Alunos surdos
- Ensinar a linguagem brasileira de sinais (libras).
- Coordenar oficinas de libras.
- Promover o aprendizado da língua portuguesa na modalidade escrita.
- Encaminhar os alunos que optarem pela oralização para os serviços de fonoaudiologia.
- Estabelecer parceria com o CAS.
- Adequar materiais didático-pedagógicos que promovam experiências visuais de ensino.

Alunos com deficiência física
- Adequar materiais didático-pedagógicos.
- Adequar recursos de informática.
- Adequar o mobiliário.
- Providenciar recursos de auxílio das AVDs e recursos de mobilidade.
- Desenvolver projetos em parceria com profissionais de arquitetura, terapia ocupacional, fonoaudiologia, engenharia, entre outros.

Alunos com deficiência intelectual
- Promover atividades em que o aluno seja sujeito ativo do conhecimento e resgate sua autonomia.
- Ensinar as AVDs.
- Possibilitar o desenvolvimento da criatividade.

Valorizar o potencial de aprendizagem de cada aluno é fundamental a todos os professores, especialmente aos alfabetizadores. Cumprir com o aprendizado da leitura e da escrita por meio de sua função social, valorizando as diferenças e identificando-as como parte integrante da diversidade humana, possibilita a mudança efetiva na educação e na sociedade de forma geral.

É muito comum ouvirmos nas escolas que "não podemos prejudicar toda a turma por causa de um aluno", geralmente, um aluno com deficiência em relação aos demais, ditos "típicos".

Cabe lembrar que os alunos com *transtorno global do desenvolvimento* (TGD) – termo utilizado pelo MEC – podem apresentar reações inesperadas, como mudança de humor repentina, dificuldades na concentração e coordenação motora, comportamentos repetitivos, imitação de sons e gestos. Em alguns casos, eles podem até mesmo reagir a estímulos com agressividade, motivo pelo qual os educadores devem estar preparados para lidar com esses fatores.

Tendo em vista as limitações encontradas em alunos com TGD e as dificuldades apresentadas por eles no processo de aprendizagem, é preciso que a escola esteja preparada para inseri-los da melhor forma possível. Para isso, os professores e educadores devem estar prontos para acolhê-los, sem restrições.

Porém, como nem todos os professores são especializados no atendimento a crianças com TGD, podemos imaginar a dificuldade que encontrarão em ensinar, por exemplo, português para uma criança que só se interessa por matemática.

Como professoras, ratificamos a importância de sempre nos renovarmos como seres humanos e principalmente como educadores. Estudar, pesquisar, questionar, refletir, reescrever e dialogar deve ser uma prática constante na vida do professor, a fim de compreender que todos os alunos de sua sala de aula são diferentes e aprendem de maneiras distintas. Por isso, precisamos valorizar a sala de aula como espaço único pela educação e pelo respeito.

Síntese

Neste capítulo, abordamos os métodos de alfabetização e sua contextualização histórica. Vimos que não é necessariamente o método que define o êxito na aprendizagem das crianças no processo de leitura e escrita, mas que este depende de vários outros fatores, como os apresentados no decorrer da literatura. Também listamos diversos objetivos a serem observados no trabalho junto a alunos com os mais variados tipos de deficiências.

Indicações culturais

GERAÇÃO 21. Disponível em: <http://www.movimentodown.org.br/2017/04/webserie-geracao-21/>. Acesso em: 3 jun. 2020.

> Essa *websérie* de Alex Duarte conta a história de 12 brasileiros com síndrome de Down em busca do caminho da autonomia e da independência.

LEA goes to School (LEA vai à escola). Disponível em: <https://www.includeusfromthestart.com/>. Acesso em: 3 jun. 2020.

> Curta-metragem infantil em que uma menina com síndrome de Down relata seu primeiro dia de aula. A jovem protagonista deixa claro que o mais fácil pode não ser o mais interessante

e que vários desafios podem acontecer em nossas vidas. Fica a mensagem de que Lea deseja o mesmo que qualquer outra criança no primeiro dia de aula: ser incluída desde o início.

MEU PÉ esquerdo. Direção: Jim Sheridan. Reino Unido/Irlanda: MGM, 1989. 119 min.

Filme baseado em fatos reais, mostra a vida do 10º filho de uma família irlandesa. Com paralisia cerebral, seu desafio é desenvolver seu potencial, superar a raiva e a sexualidade reprimida para então se revelar um verdadeiro artista.

Atividades de autoavaliação

1. Sobre o Programa Nacional de Alfabetização na Idade Certa (Pnaic) para a educação especial, é correto afirmar que:
   a) atende exclusivamente a alunos da educação especial, por meio de atividades desenvolvidas somente em escolas especiais.
   b) trata sobre a alfabetização linguística, a alfabetização matemática e o letramento na língua portuguesa e traz também um caderno específico para a educação especial.
   c) nada mais é do que uma tentativa do governo de reunir todas as crianças em um só documento acerca da alfabetização.
   d) está relacionado à formação de professores, capacitação de alunos e aceleração dos objetivos educacionais para alunos com deficiência.
   e) foi implementado em 2012, tendo como objetivo a capacitação dos alunos para aceleração da leitura e escrita.

2. Considere as afirmativas a seguir e marque V para as verdadeiras e F para as falsas:
   ( ) O método fônico é o único possível para alfabetizar as crianças com deficiência.
   ( ) O método fônico é o único método que focaliza a oralidade e a aprendizagem das letras e a correspondência destas com seus sons.
   ( ) O método fônico não traz o contexto e a função social do uso da escrita para o processo de alfabetização quando comparado às formas de ensino e aprendizagem propostas por Emília Ferreiro.
   ( ) Emília Ferreiro desenvolveu dois métodos de alfabetização: o fônico e o das boquinhas.

   A sequência obtida é:

   a) V, V, V, F.
   b) F, V, F, V.
   c) F, F, V, F.
   d) F, F, F, V.
   e) F, V, V, F.

3. Sobre os métodos de alfabetização, podemos afirmar que:
   a) são inteiramente responsáveis pelo sucesso e insucesso da alfabetização nas escolas.
   b) podem ser considerados, em parte, pelo sucesso ou insucesso do processo de aprendizagem, tendo outros fatores determinantes para isso.
   c) sua escolha é responsabilidade do professor, que, portanto, é responsável pela aprendizagem ou não de seus alunos.

d) não podem ser responsabilizados pelo processo de aprendizagem, já que são teorias não aplicáveis.

e) são suficientes para determinar o sucesso ou o insucesso de uma prática.

4. Sobre a alfabetização como prática de letramento, podemos afirmar que:
   a) a alfabetização e o letramento possibilitam o desempenho da cidadania.
   b) o letramento e a alfabetização são processos distintos e indissociáveis.
   c) classes homogêneas facilitam o processo de alfabetização e letramento, verificando nelas a progressão idêntica dos alunos.
   d) o método sintético é todo embasado no processo de alfabetização e letramento de Emília Ferreiro.
   e) letramento e alfabetização são nomenclaturas diferentes para designar práticas relacionadas a um mesmo processo.

5. Sabemos que alfabetização é um processo de aquisição do código escrito fundamentado num método de ensino. Com base nessa afirmação, é correto afirmar que:
   a) alfabetizar é dominar o desenvolvimento da língua.
   b) alfabetização é o processo de aprendizagem da língua materna.
   c) alfabetizar é ensinar o código da língua escrita e as habilidades do ato de ler e escrever.

d) alfabetização é o processo que se esgota na aprendizagem da leitura e da escrita.

e) alfabetizar é um ato de memorização e repetição dos elementos gráficos que compõem a escrita.

Atividades de aprendizagem

Questões para reflexão

1. Você já parou para pensar sobre qual método foi utilizado em sua alfabetização? Reflita sobre suas memórias, compartilhe-as com seus pares e troque opiniões com eles sobre o que ficou de positivo e o que poderia ser modificado para seu aprendizado como aluno da educação básica.

2. Faça uma pesquisa das atividades que mais aparecem nos *sites* de busca e analise as metodologias que elas adotam. Com qual delas você se identifica mais? Explique e compartilhe sua resposta com seus pares.

Atividade aplicada: prática

1. Percorra seu bairro e veja quantas escolas de educação básica há perto de sua casa ou na região onde trabalha. Verifique de que maneira ela entende a alfabetização e o letramento: se valoriza os trabalhos e as produções dos alunos, se percebe a criança como ator do próprio desenvolvimento.

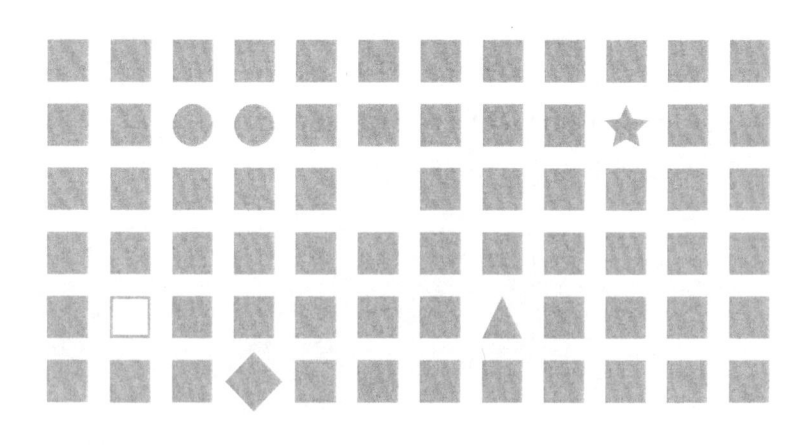

Capítulo 4
Professor e escola: seguindo a mesma direção

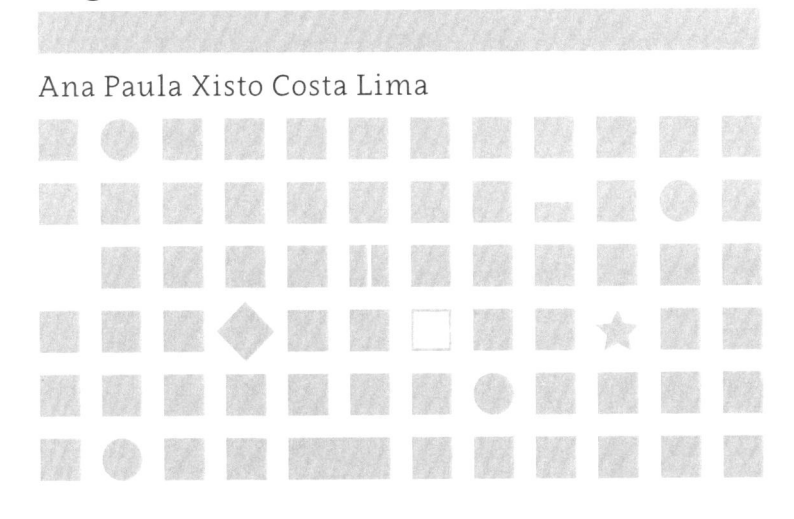

Ana Paula Xisto Costa Lima

Nossa proposta neste capítulo é propor para você uma reflexão sobre a importância da família e da escola no processo de inclusão das crianças com deficiência, transtorno global do desenvolvimento (TGD) e altas habilidades/superdotação no contexto educacional. Para isso, apresentaremos as características de cada transtorno e deficiência. É fundamental que você compreenda que o professor é um mediador nesse processo de inclusão e, portanto, é essencial que seu trabalho seja direcionado à aprendizagem do aluno.

Além disso, elencaremos alguns objetivos para a inclusão de alunos com deficiência conforme os cadernos do Pacto Nacional pela Alfabetização na Idade Certa (Pnaic) e destacaremos a importância da formação continuada dos professores nesse processo de inclusão, assim como o envolvimento da família e da escola.

4.1 Crianças com deficiência, transtorno global do desenvolvimento (TGD) e altas habilidades/superdotação

Sabemos que assegurar uma boa escola para todos faz parte de um princípio que defende a busca por uma educação de qualidade. As Diretrizes Nacionais para a Educação Especial na Educação Básica, instituídas pela Resolução n. 2, de 11 de setembro de 2001 (Brasil, 2001b), da Câmara de Educação Básica do Conselho Nacional de Educação, trouxeram grandes avanços no que diz respeito à diversidade e à universalização do ensino nas escolas brasileiras. E a parceria entre professor e escola é o que torna possível seguir na mesma direção em busca dos mesmos objetivos.

Pensar sobre o que significa a inclusão e como é fundamental o acolhimento das crianças com deficiência e necessidades educacionais especiais em um processo inclusivo demanda uma reflexão sobre as profundas mudanças de paradigmas necessárias para a compreensão de quem é o nosso aluno. Nesse contexto, os conceitos sobre padrões de normalidade precisam ser revistos, assim como deve ser rejeitada qualquer idealização de um aluno que aprenda da mesma maneira que outro ou apresente os mesmos resultados. O desafio passa a ser oferecer, de forma mais personalizada, diferentes propostas de aprendizagem para atender à diversidade dos alunos.

Alunos que apresentam dificuldades de aprendizagem temporárias ou permanentes têm necessidades educacionais especiais, que podem ser observadas por meio de diferenças sensoriais, físicas ou intelectuais advindas de fatores genéticos, ambientais ou inatos, como altas habilidades, precocidade, superdotação, condutas típicas de síndromes, deficiências e transtorno global do desenvolvimento (TGD – que englobam os diferentes transtornos do espectro autista, as psicoses infantis e as síndromes de Asperger, de Kanner e de Rett). Em outras palavras, esses alunos necessitam de uma escola que os inclua.

Conforme documento divulgado pelo Ministério da Educação - MEC (Brasil, 2007), são consideradas "pessoas com deficiência" aquelas que sofrem impedimentos de longo prazo (de natureza física, mental ou sensorial) e, por essa razão, ficam impedidas ou apresentam diferentes dificuldades, não sendo permitido a elas participar de forma plena na sociedade. Alunos com transtornos, por sua vez, são aqueles que apresentam limitações qualitativas nas relações sociais, padrões repetitivos e estereotipados e interesses restritos. Já os alunos com altas habilidades apresentam capacidade acima da média em uma ou mais das seguintes áreas: intelectual, acadêmica, psicomotora e artística. Apresentam grande criatividade e interesse, bem como alto envolvimento com a resolução de tarefas e estudos, principalmente nas áreas em que apresentam maior habilidade (Brasil, 2007).

> **Curiosidade**
>
> Você sabia que qualquer pessoa pode apresentar necessidades educacionais especiais, temporárias ou permanentes? Casos de depressão, ansiedade e transtorno bipolar, por exemplo, requerem, por tempo indeterminado, algum tipo de intervenção e limitam as condições de aprendizado.

4.1.1 Transtornos globais do desenvolvimento (TGD)

No século XIX, várias pesquisas científicas foram desenvolvidas em diversas áreas relacionadas ao desenvolvimento infantil nos primeiros anos de vida. Por meio de comparações com padrões de desenvolvimento considerados "normais", estabeleceram-se critérios para diagnosticar crianças com transtornos e deficiências, bem como os casos de superdotação.

Atualmente, são duas as formas utilizadas para classificar os diferentes tipos de TGD. Uma delas é por meio do Manual diagnóstico e estatístico de transtornos mentais (Diagnostic and Statistical – Manual of Mental Disorders – DSM), utilizado por profissionais da saúde do mundo inteiro para listar diferentes categorias de transtornos mentais. Ele enumera critérios para diagnosticá-los segundo a Associação Americana de Psiquiatria (American Psychiatric Association – APA). Outra forma de classificá-los consiste na Classificação Estatística Internacional de Doenças e Problemas Relacionados com a Saúde (CID).

O TGD pode afetar a interação social da criança, prejudicando seu comportamento e sua comunicação verbal e não verbal. É possível ao professor identificar um aluno com TGD em sala de aula por meio da observação de algumas diferenças de comportamento em relação aos demais alunos: pouca comunicação, postura mais arredia, variações na atenção, dificuldade na coordenação motora, falta de concentração, mudanças repentinas de humor, ausência ou pouco contato visual com seu interlocutor, indiferença, isolamento, impulsividade, hiper ou hipossensibilidade, entre muitas outras atitudes que podem chamar a atenção. O educador não deve dar um diagnóstico, mas, com base em sua observação, pode conversar com a coordenação da escola para juntos verificarem o que pode ser feito, pois, ao conhecerem o caso, devem priorizar uma metodologia focada na inclusão de alunos com esse perfil, não permitindo que sejam estigmatizados e excluídos, mas respeitados e valorizados por seus talentos e suas competências.

O DSM apresenta quatro versões. A quarta delas, que data de 1994, lista os TGD como:

- transtorno autista;
- transtorno de Rett;
- transtorno desintegrativo da infância (síndrome de Heller, demência infantil ou psicose desintegrativa);

- transtorno de Asperger;
- transtorno invasivo do desenvolvimento sem outra especificação (TIDSOE).

Podemos classificar o transtorno do espectro autista (TEA) de três maneiras, conforme as condições psicológicas apresentadas por seu portador: autismo, síndrome de Asperger e também transtorno global do desenvolvimento sem outra especificação (Pervasive Developmental Disorder Not Otherwise Specified – PDD-NOS).

De acordo com o Center of Deseases Control and Prevention (CDC), órgão ligado ao governo dos Estados Unidos, estima-se que o Brasil tenha cerca de 2 milhões de autistas (Oliveira, 2020).

Pense nas seguintes situações: como ensinar crianças que em alguns casos não lhe dirigem o olhar ou a palavra? E quando o aluno tem o hábito de repetir gestos ou palavras, parecendo não interagir nem com professores, nem com colegas, como se vivesse em um mundo à parte?

O professor que não estiver preparado para tratar de crianças com transtornos globais pode imaginar que esses alunos não têm capacidade de compreender informações de acordo com sua faixa etária e, erroneamente, podem oferecer para essas crianças somente atividades de educação infantil, por exemplo, desprezando sua capacidade intelectual.

Preste atenção!

Cabe ao professor considerar as diferenças em sala de aula. A ideia de inclusão pressupõe que todos os alunos tenham o direito de frequentar uma sala de aula regular, com o mesmo currículo e as mesmas oportunidades de aprendizagem.

4.1.2 Autismo

Também conhecido como *síndrome de Kanner*, o autismo é uma alteração neurológica que pode ser percebida em crianças a partir de 1,5 ano de vida, sendo a dificuldade de socialização uma de suas principais características. O autista parece viver em um "mundo só dele", como se não se interessasse por interagir com o outro. A falta de empatia, os "tiques" e o costume de andar na ponta dos pés também caracterizam essa síndrome. Além disso, a depressão é um sintoma psicológico característico desse transtorno. O autista dificilmente reage a estímulos ou interage com o interlocutor, o que certamente representa um desafio para os educadores. Estudos apontam que o transtorno é causado por fator hereditário e afeta mais meninos do que meninas. Alguns medicamentos podem ser utilizados para melhorar a qualidade de vida do autista, mas a síndrome pode ser agravada pela falta de atenção e afeto por parte dos pais na fase inicial do desenvolvimento da criança.

A inclusão de crianças com TEA é um desafio para todos, pois não existe uma "receita pronta" para realizarmos o processo de inclusão de alunos com esse perfil. Sabemos, porém, que é um caminho conquistado, necessário e que não retrocederá. Por isso, escola, família e comunidade precisam se unir em busca do melhor modo de promover essa inclusão, pensando nos direitos da criança autista.

Para todas as crianças, a fase de alfabetização é fundamental e desafiadora. Por isso, ao trabalhar com uma criança autista, é preciso evitar atividades de longa duração, pois o tempo para ela é diferente do tempo das outras crianças, de modo que ela pode perder o interesse com facilidade. Sugerimos estimulá-la por meio de tarefas simples, que sejam capazes de mostrar o quanto ela é capaz.

Um fato muito relevante observado em crianças autistas diz respeito à dificuldade na interação com outras pessoas, à dificuldade na linguagem e aos padrões repetitivos de comportamento. Por isso, o professor precisa encontrar meios para estabelecer a comunicação com o aluno autista. Lembrando que, como um aluno é diferente do outro, se na sala houver mais de um aluno autista, será preciso encontrar novas técnicas para se comunicar com cada um deles.

Além disso, organizar uma rotina para alunos autistas é fundamental para seu processo de inclusão e aprendizagem, pois uma das características dessa síndrome é a dificuldade em lidar com as mudanças.

4.1.3 Síndrome de Asperger

Descrita pelo pediatra austríaco Hans Asperger, essa síndrome afeta de 3 a 7 em cada 1 mil crianças, não tem cura e seus portadores necessitam de tratamento contínuo com psicólogos. Os sintomas apresentados nessa síndrome são mais brandos do que os do autismo e pode ser percebida em crianças a partir dos 3 anos de idade, por meio das respostas às interações sociais. As pessoas que apresentam esse transtorno podem apresentar fala prolixa, maneiras rebuscadas de se expressar (tanto na fala quanto nos gestos) e uso de termos difíceis, porém de maneira confusa. Podem se interessar de forma restrita por determinado assunto e geralmente apresentam hiperatividade, movimentos repetitivos e impulsividade, bem como falta de coordenação e antissociabilidade. Alguns apresentam habilidades incomuns, como capacidade para cálculos matemáticos complexos e, de modo geral, têm dificuldade para organizar e executar tarefas de rotina.

As crianças com síndrome de Asperger apresentam dificuldades na interação com os outros, sendo o isolamento uma característica muito comum entre elas. Por essa razão, muitos estudiosos sobre o assunto e psicólogos recomendam que essas crianças frequentem escolas regulares, pois o convívio entre os diferentes é fundamental, uma vez que é comum que essas crianças tenham uma inteligência considerada acima da média.

Como eles apresentam grande interesse por temas específicos, como os do campo das ciências (astronomia, biologia, corpo humano, vida dos dinossauros etc.), o professor pode utilizá-los a seu favor e explorá-los por meio de atividades pedagógicas que desencadeiem a aprendizagem e estimulem a interação entre eles.

4.1.4 Síndrome de Down

Trata-se de uma alteração genética que afeta o desenvolvimento corporal e cognitivo da pessoa, promovendo características físicas típicas e deficiência intelectual em diferentes graus. A ocorrência dessa síndrome é de um em cada 700 nascimentos, e se a mãe tiver idade superior a 35 anos o risco é maior.

De acordo com a Federação Brasileira das Associações de Síndrome de Down (2020), estima-se que no Brasil a trissomia 21 ocorre em 1 a cada 700 nascimentos, totalizando em média de 270 mil pessoas com síndrome de Down.

É fundamental que as crianças com essa síndrome encontrem na escola e no professor o apoio necessário para se desenvolver em uma sala de aula regular. Não podemos mais pensar em uma sala de aula homogênea, pois não é mais possível excluir os alunos com necessidades educacionais especiais. A busca na atualidade é pelo respeito às possibilidades e limitações de cada um. Desse modo, a inclusão cria oportunidades para cada um aprender em seu tempo, por meio de diferentes estratégias e práticas pedagógicas que conduzam a aprendizagem.

> **Para refletir**
>
> O professor desenvolve diferentes estratégias pedagógicas para sua turma e é responsável por todos os alunos, com ou sem deficiência. Então, por que tantos professores não acreditam ter responsabilidades em relação a seus alunos com necessidades educacionais especiais?

4.1.5 Altas habilidades/superdotação

As crianças com altas habilidades têm talentos que se evidenciam ao desempenharem certas atividades de forma precoce, porém resistindo a obstáculos. No entanto, quando não são orientadas devidamente na escola, desenvolvem somente as altas habilidades, deixando conhecimentos gerais de lado. Por isso, devem ser acompanhadas por profissionais capacitados e dispostos a ajudá-las.

Na maioria das instituições educacionais não existe uma intervenção no currículo que proporcione ao aluno com altas habilidades uma prática diferenciada, que complete suas atividades em sala. Podemos perceber também que nem todas as famílias têm recursos financeiros suficientes para investir em atividades extraclasse a fim de favorecer outras experiências de aprendizagem que enriqueçam e estimulem o potencial das crianças com altas habilidades/superdotação.

Por isso, as escolas acabam muitas vezes propondo atividades consideradas monótonas, repetitivas e desestimuladoras em vez de atividades desafiadoras, que respeitem o ritmo de cada aluno. No *site* do Conselho Brasileiro para Superdotação (ConBrasd) e no portal do MEC, você encontra sugestões para a construção de práticas e propostas de atividades para alunos com altas habilidades/superdotação.

Conforme a Resolução n. 2, de 11 de setembro de 2001 (Brasil, 2001b), no art. 5º do parágrafo III, os alunos com altas habilidades/superdotação demonstram grande facilidade para a aprendizagem, podendo o professor aprofundar e enriquecer os conteúdos para eles.

Os alunos superdotados devem ser acompanhados em seu processo de aprendizagem para que venham a desenvolver seu potencial de forma plena. Por apresentarem talentos específicos, como grande habilidade com números ou terem desempenho acima da média de acordo com a faixa etária, sua aprendizagem deve ser orientada pelos educadores. Caso não ocorra essa mediação, o aluno apresentará progressos apenas nas áreas com as quais tiver maior afinidade.

Para refletir

A escola precisa repensar sua prática e viabilizar novas formas de aprender e de ensinar.

Os alunos com necessidades educacionais especiais precisam sentir-se aceitos para que possam se desenvolver sem sofrer pressões ou se sentirem excluídos, pois seu tempo é diferente do tempo dos demais. Para isso, devem ser incluídos em classes regulares, junto a outros alunos, com ou sem transtornos e/ou deficiências, pois precisam conviver com pessoas diferentes para apresentarem progressos e se sociabilizarem.

É fundamental compreender que a inclusão proporciona ao aluno com deficiência ou necessidades educacionais especiais o direito de estar ali, junto a outros na escola, participando de um grupo, encontrando um lugar social, o que é fundamental para eles.

Deve-se buscar proximidade com a criança que apresenta algum tipo de transtorno, sem provocar nela qualquer sentimento de angústia, pois, como num primeiro momento ela não vai estar disposta a se relacionar com outras pessoas, ela necessita primeiramente se sentir segura e confiar naqueles com quem convive.

É fundamental ajudarmos todos os alunos a desenvolver sua autoestima, pois, sentindo-se bem-aceitos no ambiente, eles desenvolverão confiança nos professores, nos outros alunos e, principalmente, em si próprios. Assim, criarão laços sociais, o que deve ser o foco da aprendizagem desses alunos num primeiro momento.

Vamos considerar que as crianças que apresentam algum transtorno têm capacidade intelectual para aprender, porém, em tempo diferenciado. Quanto aos aprendizes com transtornos do espectro autista, que parecem não se interessar por interagir ou aprender, o professor jamais pode desistir de tentar ensinar algo novo, mesmo que o tempo de resposta desse aluno seja maior.

Então, pensando em todos os alunos, o professor deve organizar seu currículo, seu planejamento, suas aulas e suas atividades, respeitando as habilidades e dificuldades iniciais de cada um, tornando todo esse processo flexível, trabalhando com as dificuldades e possibilidades de aprendizagem de todos e lembrando que o envolvimento da família faz toda a diferença em busca de resultados.

A maioria das crianças com autismo não se dirige espontaneamente a outras crianças, mas solicita o que precisa a um adulto. Então cabe a você, quando o aluno necessitar de algo, como um material, incentivá-lo a conversar com os colegas, estimulando, dessa maneira a comunicação entre eles. A aprendizagem desses alunos ocorrerá como consequência do processo de socialização.

Assim, sugerimos a você, como professor:

- organizar rodas de conversas;
- desenvolver atividades que contemplem a associação entre desenhos/imagens e palavras;
- aplicar atividades de encaixar peças, como quebra-cabeças, ou jogos que estimulem a atividade motora e mental, de acordo com a faixa etária;
- apresentar atividades que envolvam contagem, cálculos e estimulem a criatividade e a imaginação;
- usar cores para chamar a atenção dos alunos e, com isso, auxiliá-los a fixar informações. Observação: tenha cautela no uso da cor vermelha, pois essa cor pode causar emoções indesejadas em algumas crianças, como agitação ou raiva.

É importante que as crianças com transtornos e/ou deficiências estejam inseridas no convívio social e acompanhadas de outras crianças, pois é por meio da interação entre elas e com o meio que apresentarão progressos em seu desenvolvimento.

4.2 Práticas pedagógicas: mediações possíveis e necessárias

Ao longo da história da educação especial, muitos documentos foram apresentados com o objetivo de garantir o direito universal à educação em uma perspectiva de inclusão.

Vimos anteriormente que, em busca da garantia de uma educação com melhor qualidade, as escolas regulares se preocuparam com as práticas pedagógicas relacionadas à inclusão dos alunos com deficiência e necessidades educacionais especiais. Nesse contexto, o processo de mediação foi realizado com o auxílio de profissionais especializados, que fizeram esse acompanhamento em parceria com professores (algumas escolas realizaram o atendimento especializado em turno diferente da escola regular).

Pensando na inclusão como um movimento mundial, com o respaldo da Declaração de Salamanca, as escolas incluíram as crianças com deficiências e necessidades educacionais especiais em salas regulares. Porém, ainda percebemos nos dias de hoje que os professores muitas vezes não estão preparados, por lhes faltar uma formação mais eficiente no que se refere à educação especial e à inclusão de um conhecimento mais sólido, que lhes permita aliar a teoria à prática escolar.

Em outros tempos, as salas de aula tinham um grande número de alunos, o que dificultava o atendimento àqueles que viessem a apresentar necessidades educacionais especiais. Nessas situações, surgiu a necessidade de se contratar profissionais que pudessem suprir essa demanda; o *tutor* ou *mediador*, como é conhecido em muitas escolas, passou a acompanhar esses alunos de forma mais individualizada.

No entanto, logo se percebeu a necessidade de se repensar essa prática, e a figura do mediador sofreu transformações. Nesse momento, o professor regente passou ser o principal responsável por atender a todos os alunos, respeitando suas individualidades.

O papel do mediador, tutor ou professor auxiliar de educação especial (segundo professor) no processo de inclusão escolar surgiu no Brasil por volta dos anos 2000, com a função de acompanhar os alunos com deficiências ou necessidades educacionais especiais em sala de aula. Esses tutores eram orientados por outros profissionais que faziam o acompanhamento dessas crianças, geralmente em clínicas. Na sequência, viu-se aumentar a quantidade de tutores em salas de aula regulares para acompanhar esses alunos; entretanto, na maioria das vezes, os profissionais eram pagos pelas famílias dos estudantes, ou seja, as escolas raramente forneciam esse tipo de serviço. Em algumas escolas públicas, por exemplo, designavam-se estagiários para atender aos alunos com necessidades educacionais especiais.

Perceba então que, para se efetivar a inclusão nos dias de hoje, a formação contínua do professor é essencial, uma vez que seu trabalho deve ser focado na aprendizagem do aluno e na flexibilidade do currículo, para que o ensino segregado não ocorra mais. A participação de todos os alunos, incluindo os portadores de deficiência, transtornos globais do desenvolvimento e altas habilidades/superdotação, acontece em todos os anos de escolaridade, da educação infantil ao ensino superior, e, por essa razão, os profissionais da educação devem ter como objetivo principal a educação inclusiva, da qual todos os alunos façam parte.

Compreender a educação especial no contexto das práticas pedagógicas inclusivas consiste em vislumbrar a inclusão, oferecendo a cada aluno um suporte, por meio de recursos pedagógicos que favoreçam o processo de ensino-aprendizagem, seguindo o currículo escolar de forma flexível, criativa e inovadora e respeitando o desenvolvimento e as capacidades cognitivas de cada um.

Atualmente, sabemos que as crianças se superam a cada dia. O que hoje pode ser considerado uma limitação pode deixar de ser quando o professor realiza as intervenções adequadas, provando assim a necessidade de formação constante para ajudar seus alunos a realizar avanços e superações.

Repare que, quando falamos de práticas pedagógicas e mediações possíveis e necessárias para o desenvolvimento de crianças com deficiência e necessidades educacionais especiais, estamos garantindo o que já está previsto na Constituição Federal de 1988 (Brasil, 1988) – no art. 206, inciso I: "igualdade de condições de acesso e permanência na escola", e, no art. 208, que estabelece a oferta do atendimento educacional especializado (AEE), preferencialmente na rede regular de ensino; na Declaração de Salamanca (Unesco, 1994) e na atual Lei de Diretrizes e Bases da Educação Nacional – LDBEN (Brasil, 1996). Na América Latina, documentos como a Declaração de Guatemala (1999) e a Convenção Interamericana para a Eliminação de Todas as Formas de Discriminação contra Pessoas com Deficiência (2001) ainda reforçam o embasamento das discussões sobre a educação especial e inclusiva.

O professor precisa se capacitar continuamente, buscando cursos que lhe proporcionem um olhar para a mudança de ação no processo de ensino-aprendizagem. O ambiente escolar, mais especificamente a sala de aula, é um campo de reflexão e ação, onde o professor sempre pode aprimorar sua prática pedagógica, realizando mediações necessárias para o desenvolvimento de seus alunos, independentemente de apresentarem deficiências ou necessidades educacionais especiais.

Para Almeida (2004, p. 244), a capacitação e a atuação do professor são fundamentais para se atingir a qualidade na escola inclusiva:

> Isso implica: construção de espaços para reflexão crítica, flexibilização e criação de canais de informação nas escolas, alianças e apoios entre os profissionais e implementação de políticas públicas de valorização e formação docente. Portanto, precisamos conceber a formação continuada dos educadores como elemento crucial para a (re)construção da instituição escolar.

Você percebeu que, para alcançarmos a qualidade na escola regular inclusiva, são necessárias mudanças nas práticas pedagógicas, que ocorrem por diferentes implementações e intervenções na atuação do professor?

Segundo Silva Filho (2013, p. 28), a prática pedagógica exige do professor conhecimentos pedagógicos para organizar a aula, fazer a transposição didática, transformar o conhecimento científico em saber transmissível e assimilável pelos alunos, propor situações de aprendizagem de forma que os alunos consigam problematizar as demandas do mundo do trabalho e que a teoria e a prática, em sala de aula, não podem ocorrer a partir somente das exposições descritivas, ou como elementos contraditórios, dicotômicos e antagônicos.

Perceba então que o professor é uma peça fundamental no contexto da educação inclusiva, como também afirmam as Diretrizes Nacionais para Educação Especial na Educação Básica (Brasil, 2001a), quando descrevem as orientações para a atuação pedagógica do professor para que se utilize de métodos, recursos pedagógicos especializados, materiais didáticos específicos, a fim de que seus alunos tenham acesso ao currículo da base comum.

Por meio do estudo e do conhecimento dos diferentes documentos e leis, você vai compreender que a visão tradicional sobre as dificuldades e limitações dos alunos com necessidades educacionais especiais e com deficiências se transformará em uma visão mais positiva, humanista, partindo da ideia de que o meio trará grandes possibilidades de aprendizagem a esses alunos, de modo que eles se superem, participem no ambiente escolar, sintam-se parte do todo e conquistem seu espaço.

Segundo Almeida e Martins (2009, p. 17):

> Acreditamos que as boas práticas pedagógicas sejam apropriadas a todos os alunos, inclusive àqueles com necessidades educacionais especiais. [...] em alguns momentos e contextos,

esses alunos podem precisar de flexibilizações mais significativas ou de atendimentos mais específicos. Um currículo que tenha como princípio a diferença deverá considerar todas essas situações e vivências.

Esses apontamentos permitem compreender que a escola e o professor devem desenvolver práticas pedagógicas capazes de incluir e educar todos os alunos, comprometendo-se com o desenvolvimento das crianças com deficiência e necessidades educacionais especiais, acreditando que a diversidade é um fator em potencial para ser explorado na perspectiva da escola inclusiva.

Você deve estar se perguntando: "Por que muitas escolas ainda não apresentam ações de inclusão?". Muitas escolas apresentam práticas pedagógicas que não contemplam as diretrizes da educação especial e inclusiva, permanecendo com um ensino "segregado", deixando de oferecer a seus alunos o acesso ao currículo nacional comum. Dessa maneira, eles continuam excluídos do contexto educacional e do exercício da cidadania.

Podemos afirmar que são recentes os estudos e documentos que tratam da inclusão, pois, como vimos no Capítulo 1, a exclusão escolar se deu por um longo período na história da educação. As práticas pedagógicas com intenção de ações educativas inclusivas proporcionam o convívio com a diversidade e a troca de experiência entre alunos e professores, além do exercício do respeito às diferenças e da promoção da igualdade.

Promover e incluir o aluno com deficiência e com necessidades educacionais especiais significa muito mais do que atender a suas necessidades básicas. É possibilitar seu desenvolvimento e seu crescimento, é assegurar que participem e sejam incluídos no contexto em que vivem. Esse movimento, no âmbito escolar, produz uma transformação na prática pedagógica cujo foco é o desenvolvimento das potencialidades dos alunos, e não suas deficiências.

Em busca de um processo de mediação que favoreça a aprendizagem, a figura do professor como mediador representa um importante elo entre o conhecimento e o aluno.

Assim, podemos afirmar que o professor, na perspectiva da escola inclusiva, desenvolve práticas que conduzem os alunos de forma emancipadora, valorizando a diversidade e dando condições para que aprendam enquanto convivem com as diferenças, conquistando assim seu lugar na escola.

É importante lembrar que o planejamento deve ser adaptado, assim como os procedimentos de ensino em que o professor seja o mediador nas atividades propostas, respeitando as limitações e valorizando as habilidades dos alunos.

Pensando desse modo, não podemos mais conceber que a educação das crianças com necessidades educacionais especiais e com deficiências seja realizada de forma paralela e diferente. Por meio de práticas pedagógicas adequadas, é possível promover a inclusão de diferentes alunos, como aqueles com transtorno global de desenvolvimento, altas habilidades ou qualquer deficiência, fortalecendo o paradigma da mudança da educação segregada para a educação inclusiva.

Alguns documentos da escola, como o projeto pedagógico e o planejamento, podem orientar as práticas pedagógicas dos professores, bem como as atividades desenvolvidas e organizadas para privilegiar a diversidade, a cooperação e a aquisição de saberes e competências.

As práticas pedagógicas aplicadas devem também promover a participação de alunos com diferentes estilos de aprendizagem (conforme capítulo anterior), por meio de um planejamento flexível e com atividades cujo objetivo seja o respeito aos diferentes ritmos, estilos e interesses da forma de aprender de cada um.

Nas salas de aula, o professor precisa mudar sua postura, assumindo a função de mediar as atividades e intervindo no processo de aprendizagem, isto é, ajudando o aluno a se sentir capaz e a descobrir que pode resolver seus conflitos com autonomia atribuindo novos significados e construindo assim seu conhecimento. Podemos afirmar que essas mediações são possíveis e necessárias para o desenvolvimento de crianças com necessidades educacionais especiais e deficiências.

São muitas as possibilidades de trabalho, então o planejamento de ensino pode ser construído pensando-se em um coletivo, porém respeitando e levando em consideração as necessidades individuais dos educandos. Nesse contexto, é importante que o professor conheça cada aluno, utilizando-se de diferentes estratégias para compreender quais são as limitações e habilidades de cada um a fim de planejar suas aulas conforme as necessidades educacionais da turma de forma mais específica.

> **Preste atenção!**
>
> Ao propor uma atividade, devemos levar em consideração o grau de dificuldade de cada aluno, bem como suas habilidades. Assim, o planejamento será feito considerando as adaptações necessárias para aquela turma, para cada aluno.

Portanto, ajustar as atividades às necessidades educacionais de cada um faz com que tenhamos uma escola inclusiva, dentro de uma sala de aula regular em que todos terão a oportunidade de aprender para a vida, para estarem inseridos na comunidade e convivendo com as diferenças.

4.3 Papel do professor mediador no processo de alfabetização e letramento

Qual será o papel do professor na educação inclusiva? Como o professor pode ser um mediador no processo de alfabetização e letramento?

Lembrando que importantes avanços aconteceram com base na legislação para educação especial e inclusiva, evidenciamos aqui também que, por meio da LDBEN, da Declaração de Salamanca e do conhecimento adquirido sobre necessidades educacionais especiais e inclusão, a escola e os professores foram em busca de capacitação para receber os alunos com deficiências e necessidades educacionais especiais e mediar esse processo respeitando as particularidades de cada um. Cabe então ao professor desenvolver um novo olhar e apresentar propostas de ensino que possibilitem a inclusão de todos os alunos.

Conforme Ferreira e Guimarães (2003), quando a escola prioriza as necessidades de seus alunos e promove inovações em suas práticas pedagógicas há um avanço no processo de inclusão.

Percebemos que a inclusão está ligada diretamente à reorganização da escola e que o professor é considerado uma peça fundamental para a construção e efetivação de uma proposta inclusiva e que, pautando-se nas possibilidades dos seus alunos, precisa elaborar diferentes atividades que respeitem as inteligências múltiplas e as diferenças apresentadas.

É um grande desafio para os docentes e para a escola trabalhar com a educação inclusiva. No entanto, nesse contexto se apresenta uma grande oportunidade para se repensar a cultura, a sociedade, a escola, a política atual, e, por meio dessa iniciativa, ser capaz de desenvolver novas estratégias pedagógicas, modificando a maneira de ensinar e de aprender.

Para que a escola inclusiva se efetive, a parceria entre família, comunidade e escola é fundamental, pois segundo o princípio básico da educação inclusiva, estabelecido pela Unesco (1994),

> Princípio fundamental da escola inclusiva é o de que todas as crianças devem aprender juntas, sempre que possível, independentemente de quaisquer dificuldades ou diferenças que elas possam ter. Escolas inclusivas devem reconhecer e responder às necessidades diversas de seus alunos, acomodando ambos os estilos e ritmos de aprendizagem e assegurando uma educação de qualidade a todos através de um currículo apropriado, arranjos organizacionais, estratégias de ensino, uso de recurso e parceria com as comunidades.

Cabe então à escola oferecer e assegurar o direito à igualdade, assim como o direito de oportunidades a todos, respeitando-se as diferenças e necessidades individuais. Não se pode pensar em uma maneira única de ensinar, mas sim em uma mudança de paradigma, por meio da qual, com base em diferentes formas de se trabalhar em sala de aula, o professor proporcione o desenvolvimento das habilidades de cada aluno e a superação das dificuldades em busca de um crescimento interpessoal.

Estamos inseridos em uma sociedade letrada, e uma das responsabilidades da escola inclusiva é oferecer condições para todos os alunos se apropriarem da leitura e da escrita, um conhecimento fundamental para se viver em sociedade. Então, vamos pensar um pouco: para que os alunos sejam alfabetizados e letrados, o que o professor pode fazer, tendo em vista a escola inclusiva e a criança com necessidades educacionais especiais e com deficiências?

Imagine um aluno autista, por exemplo. Ele é capaz de aprender a ler e a escrever, porém de maneira diferente. Portanto, não seria justo o professor compará-lo com outras crianças. Por isso, conhecer e compreender as características do aluno é fundamental para o desenvolvimento e a preparação do planejamento, das atividades a serem desenvolvidas e dos materiais e recursos que serão selecionados a fim de se respeitar as diversidades que se apresentam em sala, de acordo com a concepção de uma escola para todos.

As características apresentadas pela maioria das crianças autistas são semelhantes tanto para as limitações como para as habilidades, porém em diferentes graus. Diante disso, o professor deve pensar nas habilidades e potencialidades que precisam ser exploradas e com base nisso elaborar suas atividades, proporcionando ao aluno autista uma aprendizagem mais significativa, o que é válido para todos.

Se a escola e o professor fazem parte do processo de inclusão, podemos afirmar que são responsáveis também pela formação de todos os alunos, pela adaptação dos currículos escolares e pelo desenvolvimento de metodologias adequadas, tendo como objetivo a alfabetização e o letramento de todos os estudantes. Nesse sentido, é muito importante que os alunos se sintam seguros para se adaptarem ao contexto de uma sala de aula inclusiva, em busca da superação de suas dificuldades e da potencialização de suas habilidades, para que efetivamente ocorra o processo de alfabetização e letramento.

Para Magda Soares (2011), ler, escrever e interpretar são fundamentais para a vida das pessoas e seu relacionamento com o mundo. Então, o papel do professor mediador, no processo de alfabetização e letramento, é entender a realidade do aluno (suas dificuldades, limitações, habilidades, potencialidades) para lhe proporcionar procedimentos adequados por meio de atividades e recursos que propiciem o desenvolvimento e lhes permitam superar as dificuldades.

É por meio da compreensão da diversidade característica da sala de aula que o professor deve desenvolver sua prática, possibilitando a todos os alunos a convivência com o diferente, por meio da qual cada um terá a oportunidade de se desenvolver respeitando seus próprios limites e superando-se a cada instante, sem competir com o outro.

A alfabetização é um direito de todos e essencial para a inclusão na sociedade. Por esse motivo, o professor tem grande responsabilidade em organizar práticas pedagógicas que levem a uma educação com qualidade. Muitos são os fatores que fazem parte da alfabetização e do letramento, e o conhecimento do professor sobre o assunto influencia todo o processo.

Você sabia que a preocupação com a alfabetização é muito antiga? Não faz muito tempo que o foco da leitura e da escrita era a compreensão dos símbolos escritos, do código da escrita – na relação entre fonema e grafema –, para somente depois dar significado ao que se escrevia ou lia. Nesse processo, a compreensão do contexto, ou seja, do sentido da palavra ou da frase dentro do texto, não era uma prioridade. Podemos exemplificar isso no trabalho apresentado nas cartilhas de alfabetização, sobre as quais tratamos anteriormente: "O boi baba" – "Eva viu a uva".

Atualmente, o movimento para a alfabetização e o letramento se consolida em torno da compreensão de que não é mais suficiente alfabetizar de acordo com uma visão tradicional, de um ensino sistemático (grafema-fonema) - urge inserir a criança em seu contexto social.

Porém, para a alfabetização dos autistas, por exemplo, sabemos que é indicado o método fônico. Ressaltamos, no entanto, que esse método não será adequado para todos os alunos.

Dessa maneira, a alfabetização não deve ser vista de forma restrita, pois faz parte de um processo fundamental na formação da criança, indo muito além da decodificação dos códigos alfabéticos, uma vez que traz para a sala de aula o contato, por meio de diferentes práticas e textos com o mundo letrado, da sociedade da qual ele faz parte.

Concluímos que, por meio da alfabetização e do letramento, o aluno terá a oportunidade de desenvolver diferentes habilidades e competências de forma ampla, sendo capaz de se expressar, compreender um texto, posicionar-se diante de uma situação, realizar a escrita e a leitura de modo consciente e reflexiva e não repetitiva, resolver problemas, entendendo que o mundo da escrita é o mundo do conhecimento. Ser alfabetizado e letrado é mais do que conhecer uma norma da língua ou dominar diferentes tecnologias; significa usar o conhecimento apreendido para intervir e participar com autonomia na sociedade.

4.4 Produção de materiais didáticos para alfabetização e letramento na perspectiva da educação inclusiva

Discutir educação inclusiva é tratar também de recursos e materiais didáticos apropriados e adaptados para se trabalhar com a alfabetização. Sabemos que a atualização constante em relação às novas práticas pedagógicas e alfabetizadoras é um desafio para o professor, pois, a partir da década de 1980, surgiram inúmeras teorias e pesquisas advindas da neurociência para a alfabetização em busca do letramento. As novas exigências para com os professores alfabetizadores estão relacionadas também à proposta de uma educação inclusiva, às novas tecnologias e ao ensino básico em nove anos, demandas que exigem um professor cada vez mais capacitado, criativo, inovador e sensível, capaz de promover o desenvolvimento humano e social de seus alunos.

Não podemos mais oferecer à sociedade uma escola seletiva, com espaços restritos aos alunos que apresentam alguma deficiência ou necessidade educacional especial ou salas que priorizam o agrupamento somente dos iguais.

Sabemos que, em uma proposta de educação inclusiva, o atendimento às diferenças é primordial e necessário, tendo em vista que, em uma mesma sala de aula de ensino regular, convivem diferentes alunos, compartilhando experiências e práticas semelhantes de aprendizagem.

> **Para refletir**
>
> O que as escolas estão oferecendo pedagogicamente aos alunos com deficiências e necessidades educacionais especiais? Será que o currículo, a escola e o professor não estão simplificando o conteúdo conforme seu olhar sobre o aluno?

Na perspectiva da educação inclusiva, é essencial conhecer as pesquisas atuais e os documentos oficiais orientadores sobre educação especial e construir e seguir um currículo que desenvolva formas diferentes de trabalhar em sala, apresentando reflexões que possam nortear o trabalho com a produção de materiais didáticos para alfabetização e letramento, a fim de favorecer o desenvolvimento de habilidades de todos os alunos.

Por meio da publicação de diretrizes que vieram para orientar o currículo nacional após a implantação do ensino fundamental de nove anos, a escola assumiu um importante papel na organização do currículo, dos conteúdos, e na formação do professor para o processo de alfabetização e letramento.

Nesse sentido, na segunda década dos anos 2000, foi apresentado pelo Governo Federal o Programa Nacional de Alfabetização na Idade Certa (Pnaic), tendo como compromisso principal garantir a alfabetização e o letramento de todas as crianças até o final do 3º ano do ensino fundamental.

Sabemos que a inclusão ainda é um grande desafio para todos. A organização do conteúdo, bem como a produção dos materiais pedagógicos, não pode ser apresentada sob uma visão linear, fragmentada, que proporcione a exclusão. Ambas devem estar alicerçadas na construção de experiências e vivências em busca de um conhecimento capaz de produzir uma teia de relações e diálogos que favoreçam o desenvolvimento integral do aluno. O professor deve organizar atividades que levem o aluno a aprender, desenvolvendo diferentes habilidades.

Um ambiente favorável para a aprendizagem se constrói por meio do respeito à capacidade de cada um, com a construção de espaços educacionais apropriados e métodos adequados, compreendendo que é direito de cada aluno receber uma educação de qualidade.

Há outra questão que temos de considerar: se todos os anos recebermos diferentes alunos, todos os anos teremos pela frente novos desafios. Os materiais didáticos para o trabalho com a alfabetização devem, portanto, ser pensados conforme a observação diária dos alunos em sala, partindo do pressuposto de que não existe uma "receita pronta". O professor deve, pois, mapear sua turma observando as diferentes realidades para assim desenvolver atividades que considerem as necessidades de cada criança.

Desse modo, por meio do trabalho com diferentes materiais didáticos, é possível tornar o conteúdo mais atrativo e a aula com mais significado para o aluno. Devem ser considerados, nesse processo, os objetivos que se pretende alcançar, bem como os que foram definidos no currículo e no planejamento, a idade dos alunos, suas dificuldades e habilidades e os interesses a serem despertados – lembrando que um material se torna ideal quando auxilia na aprendizagem de forma desafiadora, favorecendo a interação e aproximando o aluno do conhecimento.

Portanto, como dito anteriormente, as atividades e os materiais didáticos utilizados precisam contemplar todos os alunos, pensando na inclusão escolar. O objetivo maior a ser alcançado é fazer com que todos se sintam parte da escola, capazes de participar de diferentes atividades, independentemente de suas necessidades educacionais e características individuais, proporcionando também entre eles a aceitação do diferente, para que compreendam o processo de inclusão, respeitem a individualidade e a diversidade, tão presentes na sociedade atual e na escola.

No caso de um aluno cego, por exemplo, o professor pode utilizar com ele um material didático específico, levando-o a participar da atividade manipulando o material, relatando de forma oral o que está percebendo por meio do tato. O importante é realizar a inclusão do aluno da melhor forma possível.

Podemos concluir que aprender a ler e escrever faz parte da alfabetização, e fazer uso da língua aprendida corresponde ao letramento, porém ambos, alfabetização e letramento, ocorrem paralelamente.

4.5 Escola e professor: ressignificando o papel da escola

As escolas precisam se preparar para receber os alunos com deficiências e necessidades educacionais especiais utilizando-se das tecnologias assistivas[1].

Entendendo que os alunos com necessidades educacionais especiais e/ou deficiência necessitam de atenção especial por parte da escola e dos professores e educadores e, portanto, de adaptações, podemos afirmar que ressignificar o papel da

---

[1] São recursos, serviços, produtos que possibilitam à pessoa com deficiência executar as diversas atividades do cotidiano.

escola e do professor implica também a reorganização e/ou adaptação da estrutura física da instituição, por exemplo, com rampas de acesso, banheiros adaptados, salas de aula equipadas com recursos necessários para atender a todas as deficiências, bem como no preparo e na conscientização de todos aqueles que fazem parte da escola, como funcionários, educadores, professores e alunos.

É importante lembrar ainda que, de acordo com a Resolução n. 4, de 2 de outubro de 2009 (Brasil, 2009), art. 4°, o público-alvo do atendimento educacional especializado (AEE) são alunos com deficiência; alunos com transtornos globais de desenvolvimento e alunos com altas habilidades/superdotação (incisos I, II e III). Portanto, não há como a escola regular ser eficaz no ensino de seus alunos com deficiência e necessidades educacionais especiais se seus professores, técnicos, auxiliares e administradores não estiverem preparados para atendê-los devidamente. Por isso, o Plano Nacional de Educação (PNE) propôs uma nova escola inclusiva, baseada na formação de recursos humanos (Brasil, 2000). Portanto, é fundamental para o professor se adaptar às inovações e ampliar seus conhecimentos a fim de estar preparado para atuar no contexto atual da educação.

Conforme Caiado e Laplane (2009), a formação continuada ganhou força a partir de 2003, e a formação de gestores e educadores foi apoiada a fim de efetivar a transformação dos sistemas educacionais em sistemas inclusivos.

A legislação que ampara a inclusão prevê também o preparo dos professores para trabalhar com alunos com necessidades educacionais especiais e/ou deficiência. Desse modo, é fundamental ao professor conhecer e respeitar as limitações que algumas das crianças possam vir a apresentar para repensar sua prática pedagógica.

Perceba que a igualdade de oportunidades garantida pela Convenção sobre os Direitos Humanos (ONU) e ratificada na Constituição de 1988 no Brasil garante a participação efetiva do educando, sem discriminações, para que seu potencial se desenvolva plenamente.

Não há fórmula pronta para garantir o sucesso da aprendizagem, ou seja, não há como padronizar estratégias pedagógicas nem terapêuticas para atender a todos de forma generalizada, pois cada aluno pode apresentar respostas diferentes à mesma intervenção. Por esse motivo, a inclusão é um desafio constante para a escola e para os educadores.

É no dia a dia que os professores terão de agir com criatividade e persistência. Portanto, quanto mais conhecimentos adquirirem, melhor compreenderão as limitações e respostas de alguns alunos. Ainda assim, não se pode afirmar que estarão preparados para toda e qualquer situação, pois esse conhecimento vai se efetivar conforme as experiências vividas em sala de aula.

Espera-se que o professor seja sensível ao lidar com os alunos que necessitam de inclusão, permitindo-lhes manifestar sua imaginação e criatividade, pois esses fatores são necessários para que conquistem sua autonomia e, dessa forma, aumentem sua autoestima, o que é fundamental para atingirem o sucesso na aprendizagem.

Perceba que, quando o professor conhece a singularidade de cada aluno e identifica suas limitações e potencialidades, ele é capaz de orientar o aprendizado de forma mais individual e personalizada. Cabe ainda ao professor elaborar aulas e/ou materiais diferenciados para facilitar o aprendizado, estabelecendo rotinas, estimulando o trabalho em grupo e deixando claras para os alunos as noções de limite, ou seja, o que eles podem ou não fazer, e os comportamentos que se esperam deles, objetivando a socialização.

Observe, nesse momento, que as parcerias com os professores que realizam o AEE são fundamentais para o desenvolvimento de práticas pedagógicas. Isso porque os alunos precisam ser motivados a conquistar sua autonomia. O aluno com TGD, por exemplo, precisa sentir-se seguro no ambiente e para isso os professores devem conquistar sua confiança. A escola também deve conscientizar os demais alunos sobre a importância de fazer os colegas com necessidades educacionais especiais e deficiência se sentirem acolhidos, evitando qualquer tipo de discriminação ou até mesmo *bullying*.

A escola precisa, afinal, se preparar para que a inclusão se efetive com sucesso, e isso inclui principalmente o preparo dos educadores. Conhecer as limitações e particularidades dos alunos com necessidades educacionais especiais requer do professor avaliar sua metodologia, a fim de reavaliar sua prática, readaptando atividades curriculares sempre que necessário.

A conscientização de todos sobre a importância da inclusão e da aceitação dos alunos com necessidades educacionais especiais na rede regular faz parte de um novo paradigma de respeito à diversidade.

Concluímos com um pensamento de Paulo Freire (1987, p. 68): "Não há saber mais nem saber menos, há saberes diferentes".

Síntese

Neste capítulo, definimos o público-alvo da educação especial e explicamos que o conceito de aluno com necessidades educacionais especiais engloba tanto os alunos com deficiência quanto aqueles que apresentam dificuldades na aprendizagem, temporárias ou permanentes, e aqueles que apresentam superdotação.

Vimos o quanto é fundamental a família e a escola estarem alinhadas no processo de inclusão das crianças com necessidades educacionais especiais. Também destacamos a importância de o professor tomar conhecimento das características das crianças com deficiência, transtornos globais do desenvolvimento, altas habilidades/superdotação, para assim fazer as adaptações necessárias em seu planejamento e em suas atividades práticas.

Ressaltamos ainda que a educação inclusiva só é possível com a participação de todos. Nesse sentido, tanto a escola quanto os educadores, demais funcionários, alunos e familiares devem estar preparados para promover a inclusão.

Finalmente, ressaltamos que conhecer os sintomas e particularidades de cada transtorno é importante para compreender as necessidades e dificuldades de cada aluno no processo de aprendizagem.

Indicações culturais

Filme

ALÉM dos meus olhos. Direção: John Korty. EUA: Republic Pictures, 1987. 94 min.

> O casal de deficientes visuais James e Ethel descobre que não pode ter filhos. Após optarem pela adoção de uma criança, os dois têm de enfrentar o preconceito e provar sua capacidade para cuidar da criança, superando uma série de barreiras.

O ÓLEO de Lorenzo. Direção: George Miller. EUA: Universal Pictures, 1992. 126 min.

> Esse filme relata a história de um casal que tem um filho, Lorenzo. Os pais descobrem que ele tem uma doença rara, degenerativa, e que, segundo os médicos, é incurável. Desenganados pelos profissionais, os pais procuram estudar sobre a doença e descobrem a fórmula de um óleo capaz de estacioná-la. Com o tempo e tratamentos, o óleo age com sucesso na reabilitação parcial do menino. O filme é um exemplo de persistência e fé na luta contra o preconceito.

Livro

MEYER, L. **Pais de crianças especiais**: relacionamentos e criação de filhos com necessidades especiais. São Paulo: M. Books, 2004.

> Esse livro traz uma série de relatos de pais que têm filhos especiais.

Vídeo

MENINO brasileiro que nasceu autista surpreende ao falar só em inglês. Disponível em: <https://www.youtube.com/watch?v=qbi5EqgorBc>. Acesso em: 4 jun. 2020.

Trata-se da história real de um menino brasileiro que foi diagnosticado com autismo quando tinha 1 ano e 8 meses de idade. Os pais deram um *tablet* à criança, que aprendeu a falar em inglês motivado por figuras. Ela também aprendeu libras e, com a ajuda de profissionais especializados, aprendeu a se comunicar em português e hoje frequenta escola regular.

Atividades de autoavaliação

1. De acordo com a definição dos TGDs, o caso mais grave desse transtorno é observado principalmente em meninas, tendo em vista que, no caso de se manifestar em meninos, esses dificilmente sobrevivem. Tal transtorno afeta o sistema motor e intelectual, tratando-se de doença degenerativa. Assinale a alternativa que define o nome do TGD apresentado:
   a) Autismo.
   b) Síndrome de Rett.
   c) Síndrome de Down.
   d) Síndrome de Asperger.
   e) Transtorno opositor.

2. De acordo com as Diretrizes Nacionais para Educação Especial na Educação Básica (Brasil, 2001a; 2001b; 2001c), ao descreverem as orientações para a atuação pedagógica do professor, o "professor é uma peça fundamental e muito importante no contexto da educação inclusiva", "que deve utilizar métodos, recursos pedagógicos especializados, materiais didáticos específicos, para que o aluno tenha acesso ao currículo da base comum".

Considerando essas informações, analise as afirmativas a seguir e marque V para as verdadeiras e F para as falsas:

( ) A postura apresentada pelo professor em sala de aula pode influenciar na aprendizagem e no desenvolvimento dos alunos, uma vez que a interatividade entre eles é necessária para o desenvolvimento.
( ) Os alunos que apresentam necessidades educacionais especiais apresentam tempo diferenciado de resposta, e seus progressos não dependem da intervenção do professor.
( ) As práticas pedagógicas com intenção de ações educativas inclusivas proporcionam o convívio com a diversidade e a troca de experiência entre alunos e professores, mas não levam em consideração as diferenças e a promoção da igualdade.
( ) A educação inclusiva promove a inclusão de todos os alunos na escola regular de ensino.

A sequência obtida é:

a) V, F, V, F.
b) V, F, F, V.
c) F, F, V, V.
d) V, V, F, F.
e) F, V, F, F.

3. O Manual Diagnóstico e Estatístico de Transtornos Mentais (DSM – *Diagnostic and Statistical – Manual of Mental Disorders*) apresenta quatro versões. A quarta versão, que data de 1994, lista os TGDs, entre eles o transtorno do espectro autista (TEA), que consiste em condições psicológicas classificadas em três formas principais. Dentre as alternativas

apresentadas, marque a alternativa que **não** corresponde a um TEA:
a) Síndrome de Asperger.
b) Síndrome de Down.
c) Autismo.
d) Síndrome de Rett.
e) Deficiência auditiva.

4. Neste capítulo, você leu o seguinte trecho: "Por meio do estudo e do conhecimento dos diferentes documentos e leis, você vai compreender que a visão tradicional sobre as dificuldades e limitações dos alunos com necessidades educacionais especiais e com deficiências se transformará em uma visão mais positiva, humanista, partindo da ideia de que o meio trará grandes possibilidades de aprendizagem a esses alunos, de modo que eles superem-se, participem no ambiente escolar, sintam-se parte do todo e conquistem seu espaço".

Considerando esse parágrafo, analise as afirmativas a seguir e marque V para as verdadeiras e F para as falsas:

( ) O professor deve elaborar aulas e atividades das quais todos os alunos possam participar e aprender de forma padronizada.

( ) As práticas pedagógicas aplicadas devem respeitar os diferentes ritmos, estilos e interesses da forma de aprender de cada um.

( ) O professor deve adaptar as aulas de acordo com as necessidades de cada turma, de cada aluno, de forma individualizada.

( ) A diversidade é um tema a ser explorado em cada família, e a escola não deve se posicionar sobre o assunto.

A sequência obtida é:

a) V, F, V, F.
b) V, F, F, V.
c) F, F, V, V.
d) F, V, V, F.
e) F, V, F, F.

5. De acordo com os transtornos e síndromes listados a seguir, relacione as colunas quanto às particularidades e características apresentadas pelos alunos com necessidades educacionais especiais:

a) Síndrome de Asperger.
b) Síndrome de Down.
c) Síndrome de Rett.
d) Autismo.

( ) Apresentam dificuldades de socialização, falta de empatia, tiques. Podem ter o costume de andar na ponta dos pés.

( ) Trata-se do caso mais grave do espectro autista, que se verifica principalmente em meninas. Apresentam comprometimento motor e intelectual, podendo não desenvolver a fala.

( ) Apresentam gestos e maneiras rebuscadas de se expressar e falar. Alguns têm habilidades incomuns para cálculos matemáticos.

( ) Trata-se de uma alteração genética que afeta o desenvolvimento corporal e cognitivo. Observa-se fraqueza nos dedos e nas mãos.

A sequência obtida é:

a) a, c, d, b.
b) b, d, a, c.
c) d, c, a, b.
d) c, d, a, b.
e) b, c, a, d.

Atividades de aprendizagem

Questões para reflexão

1. Por que a inclusão de crianças com necessidades especiais nas escolas regulares é tão importante no contexto atual da sociedade em que estamos inseridos?

2. Leia a reportagem "Todos pela inclusão: projeto incentiva o protagonismo de estudantes com deficiência", disponível em: <https://educacao.estadao.com.br/blogs/educacao-e-etc/todos-pela-inclusao-projeto-incentiva-o-protagonismo-de-estudantes-com-deficiencia/>, e responda às perguntas:
    1. Quais são as contribuições de um bom projeto inclusivo para as crianças com necessidades especiais?
    2. Elabore dois projetos: um para ser desenvolvido para crianças com deficiência visual e outro para crianças com deficiência auditiva.

Atividades aplicadas: prática

1. Analise as dificuldades encontradas pelos professores para trabalhar com alunos que têm necessidades educacionais especiais.

2. Após análise proposta na atividade anterior, elabore uma lista das dificuldades encontradas e as possíveis soluções para elas.

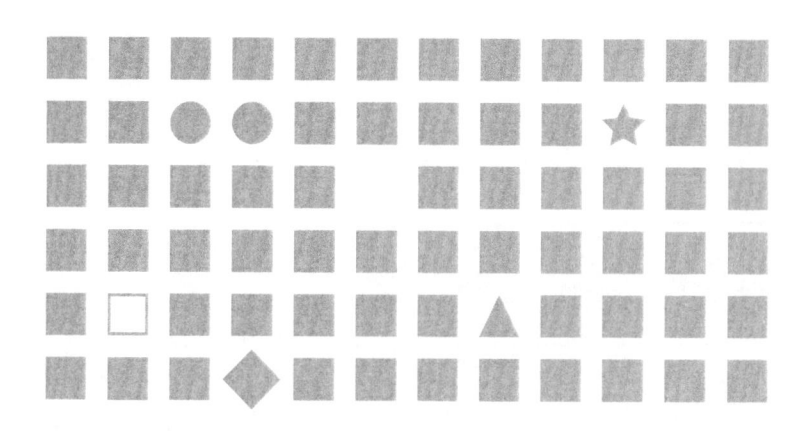

Capítulo 5
Práticas pedagógicas voltadas para alfabetização e letramento

Renata Burgo Fedato e Ana Paula Xisto

A Lei n. 13.146, de 6 de julho de 2015 (Brasil, 2015), instituiu no Brasil a inclusão da pessoa com deficiência, assegurando a promoção da igualdade, dos direitos e das liberdades fundamentais desses indivíduos, visando a sua inclusão na sociedade. Veja a seguir o que aponta o art. 3º do diploma legal citado:

> Art. 3º. [...]
>
> III) tecnologia assistiva ou ajuda técnica: produtos, equipamentos, dispositivos, recursos, metodologias, estratégias, práticas e serviços que objetivem promover a funcionalidade, relacionada à atividade e à participação da pessoa com deficiência ou com mobilidade reduzida, visando à sua autonomia, independência, qualidade de vida e inclusão social.
>
> (Brasil, 2015a)

Como podemos observar, a lei assegura os direitos das pessoas com deficiência para que sejam inseridas na sociedade e obtenham, por meio das tecnologias assistivas, a autonomia, a independência, a aprendizagem e a participação plena como cidadãs. Tais tecnologias envolvem recursos, serviços e equipamentos que devem estar direcionados às especificidades de cada aluno; nesse sentido, o olhar do professor é fundamental para a proposição de atividades adequadas e adaptadas a cada necessidade.

5.1 Adaptações de atividades

Pense em um aluno que não consegue segurar um objeto, como um lápis. Para ele, devem ser utilizadas adaptações como ponteiras, *softwares* específicos, pranchas reguláveis. Já para uma criança autista, é necessário organizar um material no qual ela possa conhecer a rotina daquele dia antecipadamente, a fim de compreender a sequência das atividades que terá de realizar.

Do mesmo modo, é necessário fazer adaptações em todo o currículo, entendido como proposta que envolve toda a escola. Afinal, o respeito a cada aluno em sua diversidade é fundamental para que todos tenham acesso a informações e ao conhecimento. Por meio de um currículo adaptado, flexível, que apresente diferentes metodologias, é possível atender a todos.

Além disso, não é possível simplesmente receber na escola os alunos com necessidades educacionais especiais sem que se providencie uma estrutura adequada, com recursos necessários às limitações apresentadas pelo aluno. Essa demanda envolve a adaptação da estrutura física da escola e dos equipamentos da sala de aula, a utilização de materiais apropriados, o devido preparo dos professores e a conscientização de todas as pessoas envolvidas nesse processo.

Sendo o professor uma peça central no processo de aprendizagem, cabe a ele receber o aluno com deficiência, transtorno global do desenvolvimento (TGD) ou altas habilidades/superdotação e modificar sua prática docente focando no potencial de cada estudante e não em suas limitações.

Admitimos que os alunos não são iguais e aprendem de maneiras diferentes. Assim como o aluno cego, os outros que apresentam alguma deficiência ou necessidade educacional especial têm o direito de aprender, de ter acesso ao conhecimento. Nesse momento, o professor é a pessoa mais próxima para mediar a aprendizagem utilizando as tecnologias assistivas, adaptando seu planejamento, criando, recriando, inventando e se envolvendo para promover a inclusão.

A família, a escola e o professor precisam olhar para esses alunos acreditando em suas potencialidades, realizando mediações para que as capacidades prevaleçam sobre as limitações. Eles precisam ser estimulados para que desenvolvam suas capacidades e se utilizem das experiências na alfabetização e no letramento para aplicar em seus diferentes contextos sociais.

Como já afirmamos, para trabalhar com crianças com necessidades educacionais especiais, é essencial conhecer cada aluno, bem como suas potencialidades e limitações. A seguir, apresentaremos algumas propostas de atividades adequadas a cada tipo de deficiência/necessidade especial.

No caso de alunos com TGD, é fundamental aplicar atividades que sugiram rotina, uma vez que essas crianças necessitam de ajuda para se autorregular. Na Figura 5.1, apresentamos uma proposta envolvendo a rotina da criança. Por meio delas, você pode ajudar os alunos a assimilar a sequência de atividades que serão propostas no período em que ficarão na escola (essa proposta pode ser adaptada para ser realizada em casa, junto aos familiares), bem como a compreender o calendário e a agenda com os dias da semana.

Figura 5.1 – Quadro de rotina

Você pode orientar os alunos a executarem as atividades sugeridas de forma sequencial; desse modo, eles vão acompanhar e marcar no quadro os horários e as atividades que já foram concluídas para compreenderem o que virá na sequência.

Para explorar mais a linguagem por meio da comunicação alternativa[1], sugerimos que você adapte livros de história utilizando símbolos e letras ampliadas, que possam ser associados a brinquedos relacionados ao conteúdo do livro com a

---

1 Na comunicação alternativa, o uso de expressões faciais, corporais, de gestos manuais, símbolos como fotografias, desenhos, gravuras e diferentes objetos, assim como de voz digitalizada, proporciona a comunicação dos indivíduos incapazes de utilizar a linguagem oral.

intenção de despertar o interesse dos alunos em reproduzir os elementos da estória. É interessante disponibilizar a eles mais de um objeto para que possam fazer escolhas e até mesmo criar uma nova história ou brincadeira.

Outra atividade interessante para trabalhar especificamente com as crianças com síndrome de Down[2], deficiências motoras ou TGD é a pintura com uso de conta-gotas, que ajuda a fortalecer a musculatura das mãos e dos dedos. O trabalho com os dedos, como se fossem prender ou pinçar objetos, também favorece a coordenação motora. Observe a Figura 5.2.

Figura 5.2 – Exemplo de trabalho manual

Doro Guzenda/Shutterstock

---

[2] Os alunos com síndrome de Down apresentam dificuldade motora e fraqueza nas mãos e nos dedos, por isso tais atividades são bastante indicadas nesses casos.

Outra atividade interessante é o trabalho com placas vazadas (que podem ser de madeira, papelão ou outro material). Essas placas, que podem ter diferentes formas de linhas curvas e sinuosas vazadas, ajudam o aluno a aprender a desenhar objetos, números e letras, coordenando os movimentos.

O conhecimento e a compreensão de figuras geométricas, que fazem parte do currículo de Matemática, podem ser trabalhados com palitos coloridos. Você pode sugerir ao aluno (especialmente no caso do autista) que tente reproduzir figuras compostas por quadrados, triângulos, retângulos ou, então, figuras mais complexas, como representado na Figura 5.3.

Por meio da compreensão dos detalhes de cada figura, como número de lados e vértices, você poderá avançar para outros conteúdos, trabalhando, por exemplo, cálculo de perímetro e inserindo noções de área de figuras planas.

Figura 5.3 – Exemplo de trabalho com palitos

Já o dominó com relevo, que associa as quantidades aos respectivos valores numéricos, pode ser apresentado para os alunos com deficiência visual. Também é importante o trabalho com texturas em relevo. Sugerimos que você monte um dominó em placas de madeira ou caixas grandes de fósforo e neles colar números e símbolos em feltro (ou outro material) para que os alunos possam perceber com as mãos as formas e quantidades.

Em relação às crianças com síndrome de Down e autismo, elas apresentam progressos de acordo com a quantidade e qualidade de estímulos que receberem. Porém, antes de começar a ensiná-las a escrever, é importante apresentar a elas brincadeiras que fortaleçam suas mãos e seus dedos, pois crianças com esse perfil apresentam dificuldades motoras. Para tanto, sugerimos o trabalho com peças de montar, como o Lego, e atividades com massinha, argila e areia molhada, que podem ajudar nesse processo.

Outro aspecto a se considerar é que, durante as atividades, muitos alunos com necessidades educacionais especiais podem ter dificuldade em encontrar uma posição confortável para se sentar e apoiar; no entanto, com a utilização de tecnologias assistivas eles aos poucos irão se adaptar. É importante observar se as carteiras são confortáveis e considerar que aquelas que apresentam inclinação são melhores do que as mesas planas para os alunos com TGD. Além disso, os pés dos alunos devem alcançar o chão, caso contrário, deve-se providenciar um suporte para que eles possam apoiá-los.

Também se recomenda para os alunos que têm limitações em seus movimentos o uso de canetas e lápis adaptados, deixando-os numa espessura mais grossa, facilitando assim o manuseio.

É importante ainda que você esteja atento às atividades realizadas pelos alunos, fazendo elogios, trabalhando com eles a autoestima, autoconfiança e motivação, desenvolvendo assim suas habilidades e ajudando-os a superar suas fragilidades.

Uma atividade interessante para se trabalhar com as percepções que o aluno tem de si mesmo é a "dinâmica do espelho", que consiste em uma caixa de sapatos com um espelho (um pouco menor que o fundo da caixa) colado ao fundo. Você deve entregar essa caixa aos alunos, pedir que a abram e se observem por alguns instantes. Você pode solicitar que eles realizem diversas ações para que exercitem a percepção de si mesmos, por exemplo: fazer caretas (feliz, triste, aborrecido, surpreso, com medo, entre outros sentimentos); descrever o que está vendo (as características físicas). Se o aluno já estiver escrevendo, ele pode fazer o registro no papel. Dessa maneira, você garantirá que todos participem da atividade, pois nem todos se sentirão confortáveis para revelar suas percepções verbalmente.

Por meio dessa dinâmica, você terá uma excelente oportunidade de conhecer mais seu aluno, por meio de observações feitas por ele, de forma bem particular e que talvez você não percebesse de outro modo.

Lembre-se de fazer as adaptações necessárias para cada aluno que apresenta necessidades educacionais especiais. No caso do aluno com deficiência visual, sugerimos que você se sente com ele, faça-o explorar o próprio rosto e o seu por meio do tato e dialogue com ele, fazendo-o descobrir características por meio das percepções sentidas.

Sabemos que, em sala de aula, os alunos com necessidades educacionais especiais necessitam de uma dinâmica mais criativa por parte do professor. As atividades oferecidas devem, portanto, ser apropriadas para cada necessidade ou deficiência.

Vamos pensar agora nos alunos com transtorno do déficit de atenção com hiperatividade (TDAH). De modo geral, eles apresentam características como inquietação, mostrando-se desatentos, impulsivos, e muitas vezes parecem estar "no mundo da lua". Eles se distraem com muita facilidade e o professor, por sua vez, terá de encontrar estratégias criativas para atrair a atenção deles e garantir sua participação e seu aprendizado.

Especialistas como psicopedagogos e psicólogos afirmam que o trabalho com jogos é um ótimo recurso para retomar a atenção dos alunos com TDAH. Jogos que envolvam competições e trabalhos em grupo são capazes de motivá-los, e a interação que ocorre entre os alunos por meio dessas estratégias torna-se um grande aliado à prática do professor.

Veja a seguir outras sugestões de trabalho para todas as crianças com necessidades educacionais especiais, segundo Natália Farah (2020).

1. Quebra-cabeça: a brincadeira com o quebra-cabeça ajuda a desenvolver habilidades para compor e decompor as figuras, bem como memória da figura como um todo, além do pensamento lógico e a atenção. Importa ressaltar que o interesse pelo jogo vai aumentando conforme a criança percebe que a figura está tomando forma, sendo um estímulo para a sua montagem.
2. Jogo de memória: esse jogo estimula a memorização, necessária ao aprendizado, além da compreensão de conceitos antônimos e a organização espacial para posicionar as peças e permitir-se encontrá-las novamente.
3. Adivinhações: brincar de adivinhação estimula aspectos como atenção, percepção visual, nomeação e que certamente, se bem direcionada, torna-se um desafio estimulante para as crianças, que poderão obter bons resultados se as perguntas forem bem elaboradas.
4. Blocos de montar: são de fácil manuseio, se forem disponibilizadas poucas peças e com tamanho maior, principalmente quando se trata de alunos com TDAH.
5. Livros: leitura é uma atividade bem-vinda quando os suportes apresentam letras grandes, frases curtas e figuras que sejam interessantes e consigam despertar a atenção das crianças.
6. Atividades coletivas: podem ser indicadas atividades de todos os tipos, principalmente as que auxiliam no gasto de energias e no respeito às regras.

5.2 Atividades de leitura e escrita

Aprender a ler e a escrever é fundamental para que a pessoa faça parte de uma sociedade letrada, e todos devem ter o direito de acesso à linguagem e à escrita. No entanto, o processo de alfabetização nos anos iniciais deve ser acompanhado pelos jogos e brincadeiras, de modo que ocorra de forma lúdica e prepare o aluno para a escrita e a leitura.

Considerando que a formação do professor interfere nos procedimentos aplicados em sala de aula, o profissional da educação deve buscar capacitações constantes a fim de aprimorar suas práticas pedagógicas, bem como as adaptações necessárias a cada aluno, aspectos essenciais no processo de aquisição da leitura e da escrita, pensando no processo de alfabetização e letramento.

Vamos lembrar que o processo de alfabetização não ocorre mais somente pela memorização, mas por diferentes estratégias metodológicas, de modo que o aluno possa participar desse processo de forma ativa. Alfabetizar é, hoje, um desafio que exige mudanças em nossa prática pedagógica.

Os alunos com deficiência, altas habilidades/superdotação ou TGD também precisam de um currículo mais flexível, adaptado conforme sua necessidade. Cabe lembrar que a alfabetização é uma ferramenta essencial para que nossos alunos possam "ler a vida".

Você já pensou que, muitas vezes, o processo de alfabetização desenvolvido em sala de aula pode ser um facilitador ou um delimitador para o aluno? Isso porque, a partir do momento que o professor, em sala de aula, proporciona situações de aprendizagem das quais todos os alunos participam de forma efetiva, independentemente de sua necessidade educacional especial, eles se sentem parte desse processo, sentem-se felizes em participar e aprender em conjunto. Por isso, as atividades práticas precisam ser planejadas e adaptadas conforme a necessidade específica de cada um.

A política de educação inclusiva apresentada pelo Ministério da Educação (MEC) trouxe transformações para o ensino regular e para a educação especial. Foram implantadas diretrizes e ações que reorganizaram os serviços de AEE oferecidos aos alunos com deficiência, visando à complementação da sua formação e não mais à substituição do ensino regular. Portanto, a escola precisa fazer as adaptações necessárias para receber todos os alunos, oferecendo um currículo funcional, eficiente e de qualidade.

Pense em um aluno cego ou com baixa visão. Considerando que você está acostumado a utilizar imagens para ilustrar ou apresentar o conteúdo, agora você terá de desenvolver outras estratégias pedagógicas que sejam condizentes com as necessidades desse aluno. E assim terá de fazer pensando em cada necessidade educacional especial. Você e a escola deverão reorganizar o planejamento, pensando nas necessidades gerais e específicas de todos e de cada um dos alunos.

Perceba que, na maioria das vezes, as atividades sugeridas para o ensino de crianças com necessidades educacionais especiais – como é o caso de autistas, alunos com síndrome de Down e deficiência intelectual – são acompanhadas por desenhos, gravuras e cores, pois esses educandos necessitam de mais estímulos visuais para compreender os conteúdos e para despertar sua motivação para aprender. Isso porque os alunos com deficiências intelectuais precisam de estímulos para a formação de imagens mentais.

A utilização de materiais e jogos prontos, bem como a produção desses materiais com uso de recursos recicláveis, é sempre um excelente recurso para alfabetizar. Quando se trata de adaptação de materiais para alunos com TEA (autismo), você deve procurar temas e personagens que despertem a motivação do aluno.

Para incentivar a criança a escrever, por exemplo, você deve procurar palavras que despertem o interesse dela, como o nome de brinquedos, animais ou comidas de que goste. Ensiná-la a escrever um cartão de aniversário, por exemplo, pode despertar a curiosidade pela escrita. Além disso, a associação de desenhos e figuras com as palavras sempre é uma boa escolha para que a criança compreenda melhor as informações.

A seguir, apresentamos algumas sugestões para a produção de textos.

5.2.1 Criação de histórias com as peças do tangram

Primeiramente, construa com os alunos as peças do tangram. Em seguida, conte a história desse quebra-cabeça para eles. Organize então a turma em pequenos grupos e peça aos alunos que criem uma história utilizando-se de palavras e das peças do tangram, que substituirão outras palavras. Você também pode solicitar que eles criem uma história em quadrinhos utilizando-se das peças. Outra opção bem interessante é organizar um livro da turma no qual, em cada página, ficará registrado o desenho de um aluno (construído com as peças do tangram) e um parágrafo sobre o que desenhou (uma infinidade de animais podem ser construídos com o tangram).

5.2.2 Sacola de surpresas

O objetivo dessa atividade é levar os alunos com deficiência auditiva a desenvolverem a oralidade, a leitura e a escrita. Trata-se de uma sacolinha, com o nome da criança, que pode ser feita em TNT ou qualquer tecido mais resistente. Ela pode ainda ser personalizada pelo aluno, que escolherá como enfeitá-la.

Uma vez por semana (ou no fim de semana), o aluno poderá levar sua sacola para casa e deverá colocar dentro dela algo que foi significativo para ele nesse período. No dia marcado para explorar a sacola, o aluno contará para a turma – em libras – o que trouxe, relatando os detalhes da situação escolhida, bem como do objeto ou desenho e o que significa para ele. Você pode ser a intérprete para a turma. Juntamente com os demais alunos, faça perguntas sobre o que está sendo apresentado a fim de auxiliar o aluno a dar respostas, trabalhando assim ainda mais a oralidade. Após a apresentação, os outros alunos podem manusear o objeto, fazer outras perguntas, explorando ainda mais a atividade.

Na sequência, sugerimos diferentes atividades que podem ser realizadas com os alunos de forma individual ou em grupo:

1. Peça aos grupos que façam registros da apresentação por meio de ilustrações ou por escrito.
2. Proponha a eles a criação de uma história em quadrinhos que poderá ser contada também em língua de sinais.

3. Faça a reescrita de texto, ou um relato em grupo, com base na história apresentada pelo aluno (surdo).
4. Utilize o conteúdo que está sendo trabalhado no momento para explorar a atividade da sacolinha (gêneros textuais, situações-problema, gráficos, entre outros).
5. Confeccione um livro da turma a respeito das surpresas apresentadas durante o mês. Pode ser feito um livro por mês. Se, por exemplo, o aluno surdo trouxer na sacolinha um brinquedo que ganhou no fim de semana, um grupo pode criar uma quadrinha sobre o brinquedo, outro grupo, uma entrevista, outro grupo, um bilhete ou convite, e assim por diante. É importante lembrar que, antes da escrita, você dever realizar a leitura e a interpretação em libras. É interessante apresentar frases do contexto trabalhado em libras para toda a turma, incluindo todos os alunos na atividade e aproveitando para demonstrar como é importante conhecermos a língua de sinais para estabelecermos uma comunicação.
6. Selecione uma das frases escritas ou ditas pelos alunos durante a apresentação do objeto retirado da sacolinha e a interprete em libras para que os alunos identifiquem o que você está dizendo. Indique no alfabeto móvel ou manual outro comentário feito pelos alunos e peça que eles o reproduzam em libras. Escolha uma das ilustrações apresentadas pelos alunos e peça que construam frases sobre ela.
7. Registre em um papel as frases que foram construídas ou faladas durante a apresentação ou, ainda, os pequenos textos construídos pelos grupos (convite, poema etc.). Em seguida, recorte-as e misture-as a fim de que os grupos as ordenem para adequá-las ao contexto. Nesse momento

podem até surgir novas frases ou textos. Em seguida, faça a leitura em libras para que os alunos possam fazer novos registros escritos do que foi lido.

Observe: a ideia dessa atividade é o trabalho com a oralidade, a leitura e a escrita (produção textual). É importante que você trabalhe com a língua de sinais fazendo relações com a língua portuguesa, admitindo assim as duas línguas.

5.2.3 Jogo da memória

Primeiramente, confeccione com os alunos diferentes jogos da memória utilizando sinais e gravuras; sinais e palavras; alfabeto manual e palavras; gravuras e palavras. Você também pode utilizar o conteúdo que está trabalhando em diferentes disciplinas para a construção do jogo da memória ou, ainda, para iniciar um novo conteúdo. Os pares encontrados durante o jogo podem ser utilizados para o registro no caderno e para uma posterior atividade de produção textual.

5.2.4 Parlendas

Trabalhe com esse gênero textual, utilizando-se da comunicação alternativa. O objetivo é proporcionar ao aluno com deficiência a participação nas atividades. Observe se ele compreendeu a parlenda, possibilitando que desenvolva mais a memória.

Lembre-se de que as pranchas para comunicação alternativa e as mesas adaptadas favorecem os alunos (necessário em alguns casos) com necessidades educacionais especiais a trabalharem com mais segurança e conforto. Assim também ocorre no caso do colete de sustentação, das réguas adaptadas para delimitar o espaço, dos livros com velcros, entre outros materiais. Além desses recursos, utilize estratégias conforme a necessidade de cada aluno:

- Para incentivar a leitura de crianças autistas, faça associações entre os objetos e as palavras, lembrando-se de citar um brinquedo da preferência desse aluno.
- Para estimular a coordenação visomotora dos alunos, utilize fita crepe, tintas, carimbos, massinha.
- Use objetos de interesse do aluno nas atividades de classificação, agrupamento, categorização e ordenação.
- Use encartes de mercado ou revistas para criar quebra-cabeças, receitas ilustradas, situações-problema.
- Para os alunos com deficiência auditiva, o relato das histórias é uma estratégia muito funcional e a produção de livros de literatura infantil em sinais.

É de fundamental importância que os textos façam sentido para o aluno, pois assim ele poderá contextualizá-los em sua vida. Lembre-se: a compreensão precede a produção. A leitura precede a escrita.

Perceba que, no contexto do aluno surdo, a leitura passa por diversos níveis:

1. Concreto-sinal: ler o sinal que refere coisas concretas, diretamente relacionadas com a criança.
2. Desenho-sinal: ler o sinal associado com o desenho que pode representar o objeto em si ou a forma da ação representada por meio do sinal.
3. Desenho-palavra escrita: ler a palavra representada por meio do desenho relacionada com o objeto em si ou com a forma da ação representada por meio do desenho na palavra.
4. Alfabeto manual-sinal: estabelecer a relação entre o sinal e a palavra no português soletrada por meio do alfabeto manual.
5. Alfabeto manual-palavra escrita: associar a palavra escrita com o alfabeto manual.
6. Palavra escrita no texto: ler a palavra no texto.

5.2.5 Jogo da forca

Para esse jogo, você pode utilizar o chão para registrar a palavra ou uma folha bem grande. Os alunos surdos devem falar as letras em alfabeto manual e você deve escrevê-las em português (ou o inverso).

5.2.6 Bingo

Confeccione diferentes jogos de bingo: cartões com palavras e cartelas com sinais; cartões com sinais e cartelas com palavras;

cartões com alfabeto manual e cartelas com letras ou palavras; cartões com configuração de mão e cartelas com figura e palavra; cartões com palavras e cartelas com figuras. Use o vocabulário dos conteúdos de aula para fixação. Proponha aos alunos que, ao fim de cada rodada, copiem as palavras marcadas na sua cartela e formem frases ou pequenos textos em português com essas palavras. Essa brincadeira também pode ser aproveitada para montagem em conjunto de situações-problemas ou de interpretação escrita com os dados que obtiverem dela. Exemplo: as crianças que brincaram com um bingo de estados e capitais podem, ao final do jogo, completar o mapa utilizando apenas os nomes que estavam em sua cartela. Depois realizam outras atividades no caderno sobre o conteúdo.

5.2.7 Jogo de adivinhações

Trabalhe com a fixação dos conteúdos por meio de adivinhações. Lance uma adivinhação em libras para que os alunos respondam em sinais e em português. Depois, lance a adivinhação de forma escrita para trabalhar a compreensão do português, reforçando as palavras novas.

5.2.8 Jogo de mímicas

Para esse jogo, confeccione vários cartões com palavras em português que estejam sendo trabalhadas. Sorteie os cartões entre os alunos, que terão de ler a palavra, reconhecê-la, de preferência sem ajuda, e representá-la por meio de mímica para que os colegas descubram qual é.

5.2.9 Jogo dos sinais relacionados

Esse jogo tem o objetivo de desenvolver e ampliar o vocabulário. Apresente um sinal-tema (e, se necessário, conceitue-o), escreva-o em português no quadro e peça às crianças que deem todos os sinais que possam estar relacionados a ele. Liste no quadro tudo o que elas disserem para trabalhar posteriormente.

- Exemplo 1 – sinal-tema: festa de aniversário. Sinais-relacionados: aniversariante, convidados, bolo, brigadeiro, suco, presentes etc.
- Exemplo 2 – sinal-tema: futebol. Sinais-relacionados: jogador, juiz, bola, apito, pênalti, cartões, bandeirinha, torcida, bandeira, gol, falta etc.

Você pode usar a lista de palavras resultante dessa atividade de diversas maneiras, dependendo do objetivo que queira alcançar: para montar um jogo de memória ou bingo caso seja necessária a fixação de vocabulário; para estimular as crianças a produzirem textos criativos fazendo uso dessas palavras; para trabalhar aspectos gramaticais da língua portuguesa; para desenvolver algum projeto por meio do tema lançado na brincadeira.

5.2.10 Jogo do baralho de configuração de mãos

Utilize um baralho com as configurações de mãos mais utilizadas na língua de sinais, explorando palavras em português. Após embaralhar as cartas, selecione apenas uma e a apresente aos alunos. As crianças devem tentar identificar algum sinal (configuração de mão contida na carta), reproduzindo o gesto. Quando isso acontecer, escreva a palavra no quadro.

Peça aos alunos que construam as palavras já transcritas no quadro, por meio do alfabeto manual. Essas palavras também podem ser utilizadas para a produção de textos. É interessante criar e registrar (em grupo) frases ou histórias em que apareça somente a configuração de mão escolhida no baralho.

5.2.11 Prancha de comunicação alternativa

Esse recurso auxilia o aluno a manifestar seus desejos, necessidades, opiniões, ampliando seu repertório comunicativo por meio de desenhos que expressem, por exemplo, como se sente, se está com fome, se quer ir ao banheiro, entre outras necessidades. As pranchas devem ser confeccionadas de forma personalizada, e cada uma delas precisa conter, além da imagem, a palavra correspondente à ação representada.

> **Para saber mais**
>
> Este vídeo explica como produzir uma pasta de comunicação alternativa:
>
> COMO fizemos nossa pasta de comunicação alternativa (Pecs) – nós e o autismo. Disponível em: <https://www.youtube.com/watch?v=8jQiKLw5BhM>. Acesso em: 4 jun. 2020.

5.3 Jogos e atividades ludopedagógicas no desenvolvimento do raciocínio lógico

Os jogos e as atividades lúdicas são fundamentais para o desenvolvimento da criança. Por meio da ludicidade, o infante expressa seus sentimentos e demonstra quais são suas percepções em relação ao mundo.

No processo de ensino-aprendizagem, a utilização dos jogos favorece o trabalho em grupo.

5.3.1 Dominó

Você pode usar esse recurso de muitas formas para trabalhar com diversos conteúdos, permitindo uma melhor visualização e manuseio por parte dos alunos e adaptando-o a cada necessidade. As peças podem ser manuseadas no chão ou na mesa, tanto de forma vertical como horizontal, em pé ou deitado, auxiliando nos movimentos de flexão e extensão de braços, sempre observando a necessidade e a limitação do aluno.

Para alunos que apresentam dificuldade de manuseio ou coordenação motora fina, por exemplo, as peças devem ser confeccionadas em tamanho grande; para os alunos com deficiência visual, o dominó precisa ser adaptado para o sistema Braille; para os alunos autistas, o dominó deve ter conteúdos muito objetivos, pois eles dependem da estimulação visual por apresentarem dificuldade de pensar de forma abstrata, por aprenderem de maneira mais concreta, direta, e na maioria das vezes por apresentarem dificuldades em fazer associações.

Você pode confeccionar dominós para trabalhar com a relação entre números e quantidades, pirâmide alimentar, frutas e verduras, classificação dos animais, relação entre cidades e estados, letra e palavra, com peças para continuar uma pequena história – sequência de história, corpo humano, cinco sentidos, frações, classes gramaticais, sujeito e predicado, situação-problema, figuras geométricas, tabuada, meios de transporte, combinações, sistema solar, história dos dinossauros etc.

Você pode criar jogos de dominó com diferentes temáticas, relacionadas ao conteúdo trabalhado em aula. Eles podem ser confeccionados em madeira (com pintura lavável), com aplicação de figuras (é importante confeccionar peças ampliadas para alunos com deficiência visual e autistas, e com um material que possa ser higienizado com frequência), em EVA (que é um material emborrachado), em feltro (que possibilita ao aluno utilizar a sensibilidade tátil). Outra forma de construir o dominó é aplicar sobre ele diferentes texturas (lã, veludo, malha, lixa, brim, seda, algodão, esponja, outros), possibilitando o trabalho com a discriminação tátil e visual.

É interessante montar o dominó para o trabalho com figuras geométricas, nomeação das cores (é importante fazer as adaptações em relevo para facilitar o manuseio para alguns alunos).

Você deve usar de muita criatividade e pesquisa para construir outros materiais que facilitem a aprendizagem dos conteúdos de matemática, por exemplo, tampinhas plásticas (para atividade de contagem e agrupamento), pratos descartáveis (para a construção de relógios e frações), garrafas PET (brincadeira do boliche), argolas, caixas de fósforo, embalagens vazias com formas 3D (para trabalhar com os sólidos geométricos).

Dessa maneira, os alunos poderão compreender conceitos matemáticos por meio de materiais concretos.

5.3.2 Quem tem a maior carta?

Para a realização desse jogo, você pode utilizar cartas de baralho comum ou confeccionar cartões com números (ao meio) e gravuras com a quantidade correspondente (em volta). Divida o total de cartões/cartas entre duas crianças (que jogarão em dupla), com a face virada para baixo. Oriente-as a virar (ao mesmo tempo) um cartão/carta de seu monte e apresentar na mesa para sua dupla. Quem tiver o maior valor, fica com os dois cartões/cartas. Se houver empate, cada criança coloca um novo cartão/carta para ver quem tira o número maior. Ganha o jogo quem tiver o maior número de cartões/ cartas. Você deve escolher os números a serem registrados no cartão de forma estratégica, conforme o conteúdo que irá apresentar.

5.3.3 Tangram

Ofereça aos alunos o molde das peças do tangram e peça a cada um que construa o seu. Conte a eles a história desse jogo e proponha desafios, como montar um quadrado utilizando todas as peças; identificar quais peças podem cobrir o quadrado pequeno; identificar com quais peças é possível formar um grande triângulo, entre outros.

5.3.4 Numicon

Esse jogo é um produto importado, desenvolvido na Inglaterra. Trata-se de um conjunto de placas vazadas com espaços que indicam quantidades. Você poderá construir o próprio Numicon com os alunos usando materiais como papelão ou placas de madeira.

São muitas as atividades matemáticas que podem ser desenvolvidas com esse material. Ele é indicado para ensinar os alunos de modo geral, porém facilita muito a compreensão da relação entre o número e quantidade. Para explorar as operações, por exemplo, é importante ter muitas peças repetidas, com a mesma quantidade (principalmente as peças que representam valores menores). Esse jogo também pode ser muito eficiente para trabalhar com frações e com as quatro operações (adição, subtração, multiplicação e divisão).

Para as crianças autistas, com deficiência visual, síndrome de Down ou superdotação, a exploração das peças por meio do toque e manuseio facilitará a compreensão do valor numérico a que se refere. Assim que ele perceba o valor numérico de cada peça (primeiro proponha diferentes formas de explorar o material por meio de jogos e brincadeiras para que o aluno faça descobertas e associações), compreenderá com mais facilidade as operações e as diversas possibilidades de obter o mesmo resultado nas respostas com a utilização de diferentes peças.

Como sugestão, solicite a ele que pegue a "peça de valor seis", por exemplo, e encontre outras maneiras de obter o mesmo resultado utilizando peças de valores menores, (2 + 2 + 2; 3 + 3; 4 + 2; 5 + 1 etc.), assim cada aluno fará diferentes descobertas assimilando o sentido de cada operação (fazendo a relação entre número e quantidade). É interessante propor que trabalhem também com a sobreposição de peças.

Lembrando que, para os alunos com deficiência visual, assim como para os portadores de síndrome de Down, é importante que tenham contato manual (manuseio) com os materiais a fim de que o compreendam melhor, vivenciando os significados por meio do tato. No caso dos autistas, além do contato manual, os desenhos também facilitam seu aprendizado.

Ressaltamos que, se as atividades propostas forem exploradas com a utilização do material concreto, de forma mais visual, por meio de repetições, esses alunos terão maior facilidade para a aprendizagem.

É importante observar as dificuldades e capacidades de cada aluno com necessidade educacional especial, para saber em que ponto estão em relação à aprendizagem. No que diz respeito aos alunos autistas, por exemplo, observe que uns gostam mais de cores, outros menos; uns não gostam de ambientes fechados, outros têm obsessão por alguns objetos. Use estímulos visuais com esses alunos, pois geralmente aprendem melhor por esse caminho, que é menos abstrato (lembre-se de que eles apresentam dificuldade em pensar de forma abstrata e fazem poucas associações). Considerando ainda que eles aprendem uma coisa de cada vez, você deve ensiná-los por meio de pequenos passos, pois tais alunos têm dificuldade em aprender pela observação, pelos conceitos. Além disso, o ambiente de aprendizado precisa ter pouco estímulo, pois eles gostam de rotina, repetição e regras. O ambiente ideal é aquele sem barulho, para que eles consigam se concentrar, e previsível, pois eles não sabem lidar bem com mudanças. Considerando que cada autista tem preferência por um assunto, objeto, personagem, você deve encontrar aí uma oportunidade para interagir com esses alunos. No entanto, lembre-se: como o autista aprende por partes, apresente apenas uma fração do que você pretende trabalhar.

Uma curiosidade: Jean Piaget (1896-1980) demonstrou que para as pessoas ditas "normais", a aprendizagem também pode ocorrer pelo erro, porém para os autistas não funciona dessa maneira, pois eles não veem sentido no erro. Por isso, os métodos aplicados com eles precisam ser diretos, óbvios, sistemáticos, corretos e sem associações.

Para finalizar esse tema, apresentamos outras sugestões de atividades a serem desenvolvidas com os alunos com necessidades educacionais especiais: um livro sensorial para trabalhar com números e letras, com o qual as crianças possam interagir; pregadores de roupa numerados e pendurados em uma linha para trabalhar a sequência numérica ou alfabética; reprodução, em tamanho grande, de diferentes formas geométricas para o aluno encaixá-las utilizando velcro; fichas plastificadas contendo objetos para trabalhar com quantidades.

O caderno de comunicação alternativa é fundamental, porém perceba que ele é construído de forma muito individual para cada aluno. Uma figura com a letra X pode significar, para ele, um "não", ao passo que uma figura com carinha feliz pode significar um "sim".

5.3.5 Jogos de matemática para cegos e alunos com baixa visão

Aos alunos com baixa visão ou cegos, podemos proporcionar o contato com a escrita dos números e seus formatos. Pensando em jogos na sala de aula, podemos entender a alfabetização matemática como um processo contínuo e par da alfabetização e do letramento na língua portuguesa.

Segundo Danyluk (1998, p. 13), "O sentido do que se lê adquire significado no contexto, ou seja, no mundo, lugar onde se insere o homem e aquilo que é dito. Portanto, é no contexto que o leitor percebe o sentido e atribui significado para aquilo que a linguagem mostra".

Assim, podemos definir a alfabetização matemática como as ações iniciais do ato de ler e escrever, em que os alunos compreendem e interpretam os domínios básicos, além, é claro, de se expressarem segundo a linguagem específica da área.

Danyluk (1998, p. 58) ressalta ainda que as noções de aritmética, geometria e lógica são fundamentos para essa alfabetização, ou seja, "ser alfabetizado em matemática, então, é entender o que se lê e escrever o que se entende a respeito das primeiras noções de aritmética, geometria e lógica".

Para isso, as atividades de alfabetização matemática devem trazer o lúdico, por meio de situações reais, do cotidiano, que possam vir em auxílio do aluno que está em constante aprendizado.

5.3.6 Bingo

Esse é um jogo consagrado em nossa sociedade e muito utilizado em bailes, festas juninas e outros momentos festivos. Levá-lo para sala de aula e aproveitar suas potencialidades de ensino é seu papel como professor e de toda a equipe pedagógica. Sabemos que o aluno cego utiliza o soroban para realizar seus cálculos, porém nada impede que o desenho dos números e a formação de suas quantidades por meio de desenhos táteis sejam apresentados a esse educando, e o bingo oferece essa possibilidade. Podemos produzir tabelas de números táteis aos alunos cego e jogar bingo em sala de aula. Confeccione cartelas que permitam o contato do aluno com o desenho dos números em alto relevo (esse efeito pode ser obtido com cola quente ou outro material que julgar interessante, como barbantes, cadarço etc.), fazendo com que esses números estabeleçam relação direta com a quantidade (confeccionando junto aos números uma quantidade equivalente de pontos, também em alto relevo), podendo servir como instrumentos de soma e correspondência dos números.

A Figura 5.4, representando um tour turístico a uma construção romana, dá um exemplo de adaptação de materiais e de inclusão. Você poderá aplicar essa ideia na construção dos números e das quantidades em alto relevo, proporcionando representações relacionadas tanto à matemática quanto aos demais conteúdos.

Figura 5.4 – Exemplo de atividade sensorial com relevo

5.3.7 Jogos virtuais para a aprendizagem

Existem jogos para todos os tipos de necessidades e que permitem um ambiente interativo no qual o jogador pode manipular, fazer reflexões, estabelecer deduções e explorar conhecimentos de diversas áreas, em ritmo próprio. Inúmeros *sites* e jogos *on-line* interessantes têm se mostrado eficazes nesse sentido, pois conseguem se adaptar aos alunos e a suas necessidades. Um exemplo é o trabalho de Eliane Fátima Mariotti Cossetin[3], professora de atendimento educacional especializado (AEE), que apresenta atividades e jogos que podem ser realizados com os alunos.

5.4 Recursos pedagógicos diversificados aos estilos de aprendizagem

A partir de agora, vamos pensar mais detidamente sobre como alfabetizar e letrar os alunos com deficiência. Será que isso exige mudanças e diversificações em nossos planos de aula? Certamente, pois independentemente da condição dos aprendizes, trabalharemos em salas heterogêneas, nas quais cada estudante tem um ritmo e um estilo de aprendizagem.

---

[3] COSSETIN, E. F. M. **Caminhos da inclusão na educação infantil**: uma experiência no município de Ijuí/RS. 71 f. Trabalho de conclusão de curso (Especialização em Educação Especial) – Universidade Regional do Noroeste do Estado do Rio Grande do Sul, Ijuí, 2012. Disponível em: <http://bibliodigital.unijui.edu.br:8080/xmlui/bitstream/handle/123456789/824/CAMINHOS%20DA%20INCLUS%C3%83O%20NA%20EDUCA%C3%87%C3%83O%20INFANTIL%20UMA%20EXPERI%C3%8ANCI%20%281%29.pdf?sequence=1>. Acesso em: 4 jun. 2020.

Portanto, conhecer os alunos em todas as suas dimensões, é necessário para conseguirmos elaborar um planejamento de aula que atenda a todos, conforme a perspectiva da inclusão.

É importante ressaltar que é imprescindível a intenção pedagógica em todas as atividades realizadas em sala e de cunho alfabetizador. Portanto, temos de ampliar a autoconfiança e a autoestima de todos os alunos, visando sempre ao desenvolvimento de seu potencial cognitivo. Portanto, pensar no ato da pesquisa, explorar o conhecimento, sentir, criar hipóteses e reinventar são habilidades e potencialidades que devem servir como propostas em virtude do amadurecimento das funções psicológicas superiores.

Escolhemos algumas das deficiências para tratarmos mais especificamente sobre os processos de alfabetização e suas práticas. Falaremos do processo de alfabetização da pessoa com deficiência intelectual, da pessoa cega e do aluno surdo.

5.4.1 Sugestões de atividades de alfabetização para alunos com espectro autista

Segundo Vygotsky, a pessoa com deficiência, de acordo com a perspectiva social, está em busca de outro tipo de desenvolvimento para além daquele que o está impedindo biologicamente.

Assim, devemos pensar na tecnologia assistiva durante os planejamentos de aula e em todas as atividades realizadas nas escolas a fim de assegurar e promover o acesso ao conhecimento e à acessibilidade, proporcionando a plena participação das pessoas com deficiência no processo de aprendizagem.

Em relação às pessoas com autismo, Facion (2007) afirma que é comum apresentarem reações e sensações diversas, como ouvir, ver, tocar, sentir, equilibrar e degustar. Além desses fatores, o autor também revela que apresentam algumas dificuldades de relacionamentos interpessoais, sobretudo no que diz respeito a interessar-se por outra pessoa, ao contato humano, às habilidades sociais (corpóreas e verbais – mímicas, gestos), os jogos em grupo etc.

Contudo, destacamos que os autistas desenvolvem muito melhor tarefas como a de memória simples ou a habilidade visoespacial do que aquelas que requerem habilidades linguísticas e/ou simbólicas. Podemos acrescentar que as habilidades matemáticas, musicais, de memorização, de desenho e pintura também são habilidades da pessoa com autismo. Mas, como já dissemos anteriormente, cada indivíduo é um ser único, que se desenvolverá de maneira diferente.

No tópico a seguir, destacaremos três propostas, apresentadas na *Cartilha autismo e educação*[4] (Bruni et al., 2013), que você pode realizar em sala com os alunos autistas para ter maior desempenho em seus objetivos específicos de aprendizagem.

Forma de o professor se dirigir ao aluno para solicitar tarefas e instruí-lo
Considerando que a criança com transtorno do espectro autista (TEA) tem dificuldades em se comunicar, você sabe como agir em sala de aula para que sua mensagem seja compreendida pelos alunos e seu objetivo seja alcançado?

---

[4] Disponível em: <http://www.mpsp.mp.br/portal/page/portal/cao_civel/aa_ppdeficiencia/aa_ppd_autismo/aut_diversos/Cartilha-AR-Out-2013%20-%20autista%20na%20escola.pdf>. Acesso em: 4 jun. 2020.

A seguir, apresentaremos o que você pode e deve fazer em sala de aula para propiciar uma alfabetização mais significativa e efetiva para os alunos com TEA:

- Use frases simples e curtas, pois elas favorecem o entendimento do aluno com TEA, pois como sabemos o autismo acarreta uma série de comprometimentos no desenvolvimento da comunicação verbal e não verbal. Portanto, quanto mais simples e direta for sua comunicação, mais efetivo será o aprendizado em sala de aula. Portanto, devemos estar conscientes de que, como professores, não poderemos dar instruções verbais em excesso. Assim seja curto e pense em uma forma simples para suas explicações;
- Jamais use metáforas para dar exemplos ou explicar as atividades, pois isso tornará a explicação mais difícil de ser compreendida;
- Abaixe-se até a altura dos olhos da criança, facilitando o contato e a interação com ela durante as atividades e explicações.

Processos contínuos de aprendizagem

Ensine o conteúdo por meio de pequenos passos e da forma mais direta possível, ou seja, não utilize enunciados longos nem pedidos variados no mesmo enunciado.

Observe como exemplo a atividade representada na Figura 5.5. Verifique que ela não segue as recomendações para o trabalho com autistas, ou seja, enunciados simples, diretos e com informações que não causam dispersão.

Figura 5.5 – Atividade sem adaptação

> Você já deve ter percebido que as letras estão em todos os lugares: nos livros, nos gibis, nos jornais etc. Depois dessa descoberta, vamos escrever a letra A de várias formas. Vamos lá!
>
> 1 – Copie e treine a vogal "A".
>
> A _____
>
> a _____
>
> *A* _____
>
> *a* _____
>
> 2 – Agora que treinamos a escrita da vogal "A", vamos circular essa letra nas palavras abaixo.
>
>   anel ameixa assustado carro
>
>   porco morcego sapato
>
> 3 – Vamos circular as figuras cujos nomes comecem com a vogal "A".

Tsekhmister, dencg, Pineapple studio, Nerthuz e honglouwawa/Shutterstock

Agora, veja na Figura 5.6 como podemos reconstruir essa atividade considerando os direcionamentos dados a um trabalho com alunos com TEA, ou seja, de uma forma mais direta, sem elementos dispersivos e em passos menores:

Figura 5.6 – Atividade adaptada para alunos com TEA

---

1 – Copie a vogal "A".

A: _____   *a*: _____

a: _____   *a*: _____

2 – Circule a vogal "A".

A N E L

A M E I X A

S A P A T O

3 – Circule o objeto cujo nome começa com a vogal "A".

Pineapple studio e Nerthuz/Shutterstock

Esse exemplo evidencia que, na elaboração das atividades dos alunos geralmente são inseridos elementos que dispersam a atenção do aluno com TEA e, portanto, não o favorecem.

Uma indicação extremamente importante, que pode ser lida na *Cartilha autismo e educação* (Bruni et al., 2013), diz respeito à necessidade de o professor, em sala de aula, monitorar e minimizar os comportamentos disruptivos (agressividade, birra, apatia etc.) que podem surgir durante a alfabetização e qualquer outro momento de aprendizado. O documento informa que essa estratégia se denomina "aprendizagem sem erro", segundo a qual o aluno não deverá passar pelo processo de tentativa e erro, pois cabe ao professor fazer a ponte entre as etapas apresentadas na Figura 5.7.

Figura 5.7 – Aprendizagem sem erro

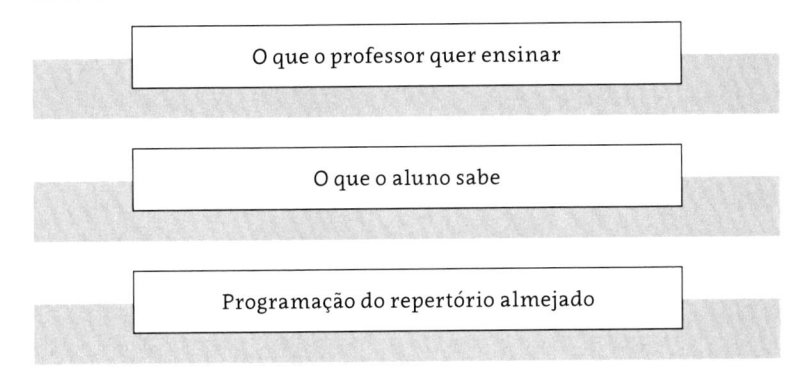

```
O que o professor quer ensinar

O que o aluno sabe

Programação do repertório almejado
```

Baseando-se nesses "passos", você evitará uma sequência de erros, favorecendo a sequência gradativa de ensino e evitando os comportamentos disruptivos em sala de aula. Segundo Bruni et al. (2013, p. 38),

> A aprendizagem sem erro se caracteriza por um conjunto de procedimentos organizados para reduzir a emissão de erros, enquanto o estudante está adquirindo as habilidades necessárias para se tornar expert na tarefa proposta. Isso significa garantir que a criança receba ajuda necessária para realizar a resposta correta em cada etapa do programa de ensino.

Outra contribuição a respeito do desenvolvimento da leitura e da alfabetização das crianças com espectro autista se desenvolve ativamente nos Estados Unidos com o National Reading Panel (Painel Nacional de Leitura), que conclui que os alunos devem receber as instruções necessárias para o desenvolvimento da leitura e da escrita em sala de aula. Para isso, determinaram cinco componentes essenciais de leitura para o desenvolvimento do trabalho, representados no Quadro 5.1.

Quadro 5.1 – Cinco componentes essenciais de leitura do Painel Nacional de Leitura

Componente	Definição
Consciência fonêmica	Reconhecer e manipular as palavras proferidas na linguagem.
Fonética	Entender a relação entre som e letra na leitura e ortografia.
Leitura oral	Fluência. Ler o texto com presteza, precisão e expressão.
Vocabulário	Compreender as palavras lidas, ligando-as ao vocabulário oral.
Estratégias para compreensão	Ter consciência dos processos cognitivos envolvidos na leitura.

Fonte: Elaborado com base em Whalon; Otaiba; Delano, 2009.

Segundo pesquisas de Whalon, Otaiba e Delano (2009), importa ressaltar que foram realizados 11 estudos com base nos 5 componentes anteriormente destacados para verificar sua aplicabilidade e sua eficiência. Deles participaram crianças com as seguintes deficiências: síndrome de Asperger, autismo, autismo com alto nível de funcionamento e TGD. Os autores relatam que houve melhora em todos os cinco componentes, mas foi evidenciada uma relação desarmônica com a interpretação e compreensão da leitura.

Por isso, torna-se necessário trabalhar com ambas as habilidades – leitura oral e escrita e estratégias de compreensão – para que não tenhamos práticas esvaziadas de sentido para o aluno.

Rotina em sala de aula e alfabetização

Um ambiente estrutural bem definido é essencial aos alunos com espectro autista, pois eles necessitam de uma rotina detalhada e previsível. Falando em alfabetização, entendemos que variações no ambiente podem alterar o comportamento e as reações dos alunos, por isso a necessidade de atenção a mudanças repentinas na sala de aula, permitindo que as crianças se sintam mais seguras em contextos organizados e previsíveis.

Estudos demonstram que as funções executivas, relacionadas ao córtex frontal, são comprometidas em crianças diagnosticadas com TEA. São elas:

- planejamento;
- organização;
- atenção;
- memória operacional (mantém e organiza as informações do dia a dia);
- resolução de problemas;
- avaliação prévia de consequências.

A seguir, definiremos o que vem a ser um ambiente previamente organizado e estruturado para recebermos os alunos, centralizado em seu processo de alfabetização e possibilitando o foco em suas potencialidades.

Rotinas: agendas diárias

Como dissemos, as rotinas auxiliam no conforto e na segurança dos alunos com autismo. Assim, recomendamos a você organizar rotinas em sala de aula nas quais os recursos visuais predominem sobre os auditivos, pois auxiliam na compreensão e adesão das crianças ao trabalho.

Percebemos que a dispersão é uma constante em crianças autistas. Por isso, oferecer a elas atividades de curta duração, com instruções visuais e orais objetivas, auxilia no desenvolvimento dos conteúdos curriculares, além de serem atreladas ao lúdico e favorecer o interesse dos alunos.

A seguir, apresentamos algumas indicações de recursos utilizados na comunicação da criança autista, segundo o banco de ideias de Manzini e Deliberato (2004):

- pastas, fichários e pranchas (comunicação alternativa e aumentativa – CAA);
- objetos concretos;
- miniaturas;
- símbolos gráficos;
- figuras temáticas;
- fotos;
- figuras de atividade sequencial;
- expressões faciais.

É muito importante destacar que cada criança autista será um universo diferente, e que os recursos utilizados para uma talvez não sirvam para outra. Devido a essas especificidades, todos os materiais e meios utilizados para a comunicação alternativa devem ser personalizados e direcionados para cada criança, de acordo com sua necessidade.

Na Figura 5.8, apresentamos uma "prancha de comunicação para a escola" (CAA), que contém vários pictogramas relacionados à temática *escola* que podem ser utilizados para organizar a rotina do aluno em sala de aula. A ferramenta utilizada para fazê-la foi o *software* Boardmaker.

Figura 5.8 – Primeiro modelo de prancha de comunicação

Essa prancha de comunicação revela ao aluno autista as questões do dia a dia de sala de aula, facilitando seu acesso à escola e também seus relacionamentos e aprendizagens.

Já a prancha representada na Figura 5.9 poderá auxiliar o aluno autista durante as atividades em grupo, permitindo que reconheça seus colegas de sala, além de desenvolver a alfabetização por meio da escrita e da associação das letras relacionadas a cada nome.

Figura 5.9 – Segundo modelo de prancha de comunicação

Vários autores, incluindo Mello (2004), indicam comportamentos e práticas dos professores para manter o interesse dos alunos autistas durante as aulas, além de estratégias de comunicação.

- Sentar o mais próximo possível do professor;

- Ser requisitado como ajudante do professor algumas vezes;
- Usar agendas e calendários, listas de tarefas e listas de verificação;
- Ser ajudado para poder trabalhar e concentrar-se por períodos cada vez mais longos;
- Ser estimulado a trabalhar em grupo e a aprender a esperar a vez;
- Aprender a pedir ajuda. (Mello, 2004, p. 30)

A prancha representada na Figura 5.10, por sua vez, relata questões do dia a dia que auxiliam na comunicação do aluno autista tanto na escola como em casa, no relacionamento com seus familiares.

Figura 5.10 – Terceiro modelo de prancha de comunicação

Já a prancha representada na Figura 5.11 pode ser apresentada ao aluno autista durante o recreio, para apontar esse momento a ele e explicar que ele poderá se dedicar a assuntos de seu interesse.

Figura 5.11 – Quarto modelo de prancha de comunicação

A prancha ilustrada na Figura 5.12 pode ser usada quando se deseja elogiar e falar de sentimentos.

Figura 5.12 – Quinto modelo de prancha de comunicação

Pesquisas indicam que o acesso aos conteúdos curriculares e a alfabetização de alunos com espectro autista que utilizam as pranchas de comunicação se desenvolvem com êxito. De acordo com Deliberato et al. (2016), atividades que possibilitam a utilização da música no processo de aquisição da língua escrita também favorecem o

- aumento de possibilidades expressivas dos alunos com deficiência sem oralidade, como no caso das vocalizações;
- melhora da motivação e socialização com aumento da participação dos alunos durante as atividades pedagógicas;
- participação dos alunos com deficiência sem oralidade na elaboração de textos por meio do uso de fotos das sequências das atividades realizadas com as músicas;
- participação dos alunos com deficiência na elaboração e interpretação de textos por meio de figuras do programa Boardmaker;

- participação dos alunos nas atividades de elaboração de palavras, frases e textos por meio da escrita a respeito do tema das músicas selecionadas;
- uso dos recursos de comunicação por meio de figuras em outros contextos. (Deliberato et al., 2016, p. 10)

A pesquisa de Deliberato et al. (2016) intitulada "Comunicação suplementar e ou alternativa no contexto da música: recursos e procedimentos para favorecer o processo de inclusão de alunos com deficiência" revela as seguintes conclusões após os alunos utilizarem as pranchas:

1. Aumento das trocas comunicativas entre os alunos e professores;
2. Criação de contextos favoráveis ao processo de ensino e aprendizagem;
3. Aumento das possibilidades de interação social no ambiente escolar;
4. Participação dos alunos com deficiência sem oralidade nas atividades de produção de texto: elaboração e expressão. (Deliberato et al., 2016, p. 898)

Alfabetizando com parlendas
Destacamos ainda uma pesquisa chamada "Alfabetização e o transtorno do espectro autista nível 1", desenvolvida por Passadori (2015) e apresentada no 15º Congresso Nacional de Iniciação Científica (Conic), na cidade de Ribeirão Preto. Essa investigação apresenta o trabalho de uma professora da rede de ensino regular de uma escola municipal, envolvendo a sequência didática de parlendas e cantigas extraída do livro didático *Ler e escrever*, de 2010.

Na atividade, realizou-se a reescrita da parlenda "Rei, capitão", e foram usados os seguintes materiais: folha, papel, lápis, borracha e figuras representativas, utilizados para uma reflexão sobre o processo da escrita.

Eis o que a professora propôs aos alunos:

- escolher quantas e quais letras seriam utilizadas;
- refletir sobre escolhas diferentes para a mesma necessidade;
- interpretar a própria escrita (ler o que escreveu), justificando para si mesmo e para os outros (compartilhando) as escolhas feitas ao escrever.

Os procedimentos didáticos descritos por Passadori (2015, p. 6) foram:

- verificar se o aluno compreendeu o que foi proposto;
- garantir que ele (aluno) saiba o texto de memória;
- problematizar o texto de forma que as intervenções considerem as necessidades de avanço do aluno e contribuam para que ele pense sobre as escolhas e decisões que tomou;
- ajustar o nível de desafio às possibilidades do aluno, para que realmente tenha problemas a resolver;
- propor a reescrita de próprio punho da parlenda "Rei, capitão" com apoio do alfabeto de mesa;
- adequar a atividade utilizando imagens relacionadas à parlenda para apresentar antes da reescrita.

A seguir apresentamos um trecho do caso apresentado na pesquisa para que você compreenda como foi o direcionamento da professora ao construir essa atividade e como se deram suas intervenções durante a construção da escrita:

> **Parlenda:**
>
> REI, CAPITÃO
> SOLDADO, LADRÃO
> MOÇA BONITA
> DO MEU CORAÇÃO
> *Professora:* — *VAMOS ESCREVER a parlenda "Rei, Capitão", você se lembra? Vamos cantar juntos? [...].*
> *Professora:* — *Isso! Agora, sabe o que você vai fazer?*
> *João:* — *O quê?*
> *Professora:* — *Você vai montar essa parlenda. O nome disso que você falou, dessa musiquinha, é parlenda. É... você vai montar com as imagens. Olha quanta imagem! Tudo o que tem a ver com a parlenda, essas figuras! Você vai procurar aqui a primeira palavrinha que tem e que começa a parlenda, você vai procurar aqui. Qual palavrinha? Como que começa a parlenda? (O aluno aponta para as figuras)*
> [...]

Fonte: Passadori, 2015, p. 7.

A seguir, nas Figuras 5.13 e 5.14, disponibilizamos uma prancha pictográfica para que você visualize uma maneira de ilustrar textos, parlendas, poesias, histórias, contos etc. para alunos com deficiência, objetivando a representação dos elementos e sua composição escrita. No caso, um exemplo de trabalho com a parlenda "Rei, capitão" usando o *software* Prancha Fácil[5]:

Figura 5.13 – Programação de prancha de comunicação

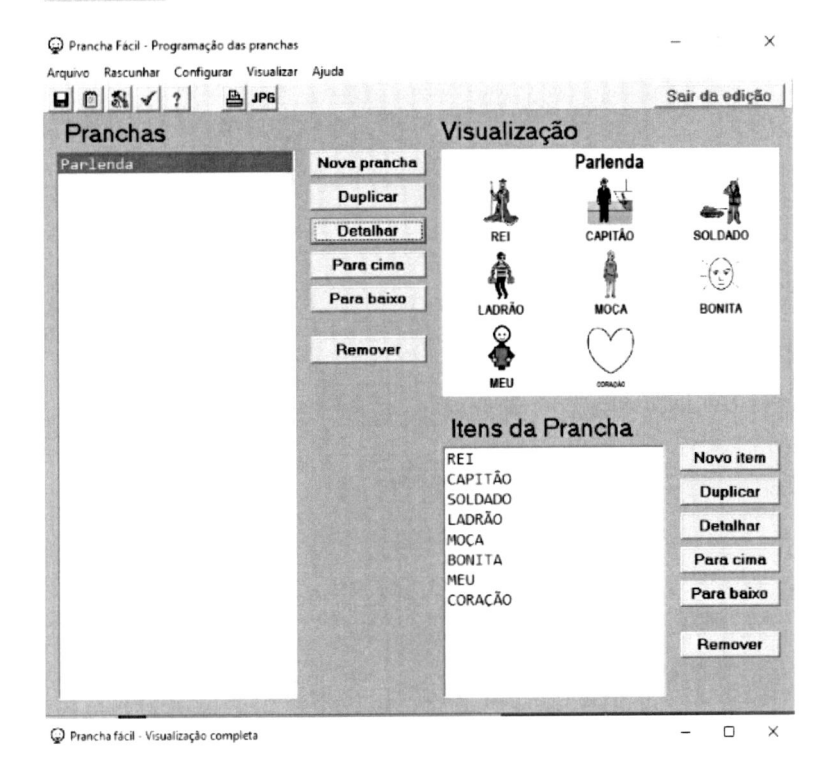

Fonte: Prancha Fácil, 2020.

5   O *software* Prancha Fácil está disponível para *download* gratuito. Ele foi desenvolvido pelo Núcleo de Pesquisa em Tecnologia Assistiva da Universidade Federal do Rio de Janeiro (AssistUFRJ) e pode ser utilizado como sistema de comunicação para crianças jovens e adultos em diferentes contextos, como a casa, a escola, o hospital, um espaço cultural e muitos outros lugares. Disponível em: <https://sites.google.com/a/nce.ufrj.br/prancha-facil/home>. Acesso em: 4 jun. 2020.

Figura 5.14 – Prancha de comunicação para literatura

Parlenda

REI	CAPITÃO	SOLDADO
LADRÃO	MOÇA	BONITA
MEU	CORAÇÃO	

Fonte: Prancha Fácil, 2020.

Continuando o relato do trabalho desenvolvido com as pranchas:

> [...]
> **Professora:** — Que letra você escreveu?
> **João:** — I!
> **Professora:** — O "I" de "capitão"? Muito bom! E agora? Qual outra amiguinha aí, bacana, pra gente colocar junto com o "I" de "capitão"?
> [...]
> **Professora:** — Isso!
> (João lê silabicamente: K (Ca) I (Pi) T (tão))."[...]
> FEPE (rei)
> KIT (capitão)
> CITOE (soldado)
> ALDIL (ladrão)
> COAÃO (MOÇA)
> BPAT (bonita)
> QAOHO (coração) (05/11/2014 – João)

Fonte: Passadori, 2015, p. 8.

5.4.2 Recursos necessários ao atendimento de alunos cegos ou com baixa visão

Adequar o ambiente aos alunos cegos ou com baixa visão é essencial para a eliminação de obstáculos, considerando efetivamente a mobilidade sob as normas de prevenção das barreiras arquitetônicas. Para atingir esse objetivo, a legislação prevê os direitos das pessoas com deficiência por meio da "Lei da Corde[6]", n. 7.853, de 24 de outubro de 1989 (Brasil, 1989), e

---

[6] Coordenadoria Nacional para Integração da Pessoa Portadora de Deficiência.

do Decreto 3.298, de 20 de dezembro de 1999 (Brasil, 1999a)[7], que prevê a integração das pessoas com deficiência. Assim, devemos e podemos possibilitar a locomoção dos alunos com a utilização dos seguintes recursos:

- Adesivo tátil no solo para indicar o princípio e o término da locomoção.
- Verbalização, por parte de professores e alunos, para localizar o aluno cego ou com baixa visão.
- Aplicação de placas e adesivos em braille identificando as dependências das escolas para facilitar sua mobilidade.
- Aquisição de impressora, computadores e livros em braille, bem como de audiobooks, regletes etc.

5.5 Tecnologias assistivas e comunicação aumentativa e alternativa

Eliminar barreiras é o princípio do que se entende por *tecnologia assistiva e comunicação aumentativa e alternativa*. Além disso, existe o conceito de **desenho universal**[8], de caráter multidisciplinar, que tem como objetivo promover a vida de forma

---

[7] Acesse o documento completo em: <http://www.planalto.gov.br/ccivil_03/decreto/d3298.htm>. Acesso em: 4 jun. 2020.
[8] O conceito de desenho universal foi desenvolvido na área de arquitetura pela Universidade Estadual da Carolina do Norte, nos Estados Unidos, em busca do benefício de todos os indivíduos.

funcional a todos os indivíduos, visando diretamente a sua autonomia e, como consequência, à qualidade de vida a todos.

Sobre a tecnologia assistiva, podemos compreendê-la como a "resolução de problemas funcionais", que busca alternativas para vencer qualquer barreira, de modo que todos sejam incluídos no espaço e momentos da rotina escolar e da vida. Ajudas técnicas também podem ser identificadas como sinônimo de tecnologia assistiva, pois buscam promover a funcionalidade de pessoas com deficiência ou mesmo de incapacidades advindas do envelhecimento. Segundo Mantoan (2005b, p. 39),

> o que é o falar sem o ensejo e o desejo de nos comunicarmos uns com os outros? O que é o andar se não podemos traçar nossos próprios caminhos, para buscar o que desejamos, para explorar o mundo que nos cerca? O que é o aprender sem uma visão crítica, sem viver a aventura fantástica da construção do conhecimento? E criar, aplicar o que sabemos, sem as amarras dos treinos e dos condicionamentos? Daí a necessidade de um encontro da tecnologia com a educação, entre duas áreas que se propõem a integrar seus propósitos e conhecimentos, buscando complementos uma na outra.

Observe na Figura 5.15 como acontece o processo de avaliação básica proposto, em 2006, pelo Center on Disabilities da California State University de Northridge, de acordo com um material do MEC.

Figura 5.15 – Processo de avaliação das adaptações

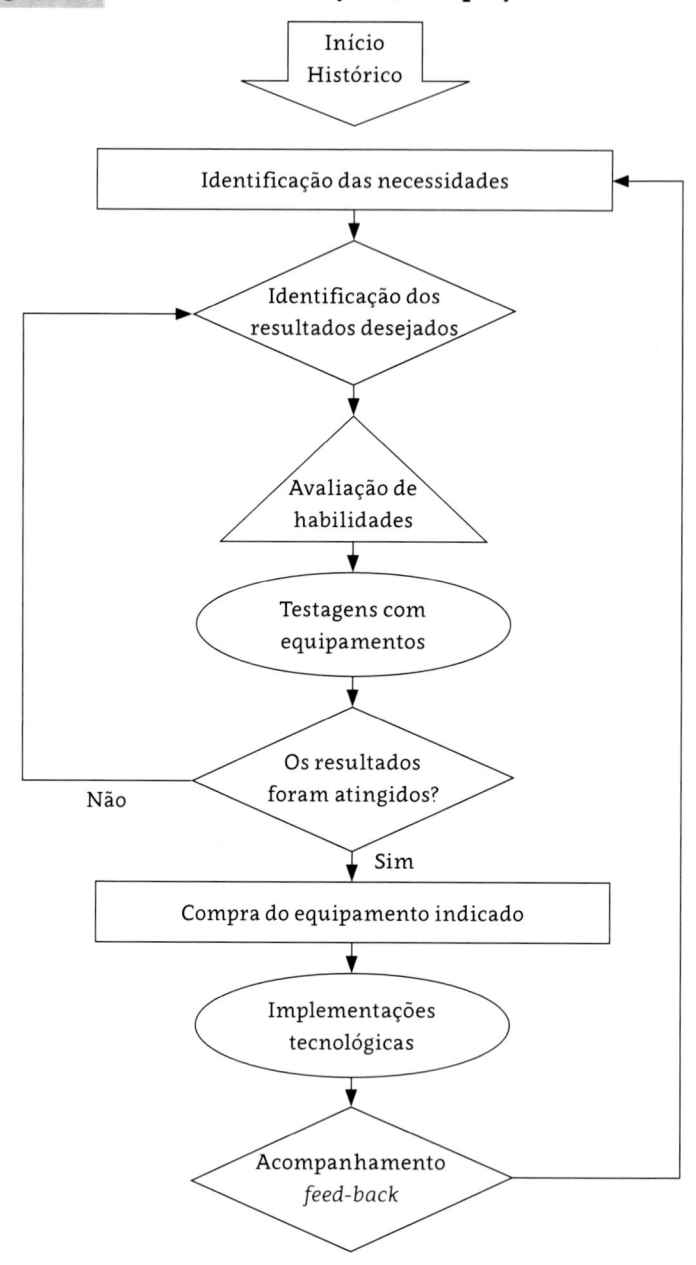

```
                    ┌─────────────┐
                    │   Início    │
                    │  Histórico  │
                    └──────┬──────┘
                           ▼
         ┌─────────────────────────────────┐
         │  Identificação das necessidades │◄─────┐
         └────────────────┬────────────────┘      │
                          ▼                       │
                  ╱ Identificação dos ╲           │
                  ╲ resultados desejados╱         │
                          │                       │
                          ▼                       │
                     ╱ Avaliação de ╲             │
                     ╲  habilidades ╱             │
                          │                       │
                          ▼                       │
                    ╱ Testagens com ╲             │
                    ╲  equipamentos ╱             │
                          │                       │
                          ▼                       │
                  ╱ Os resultados ╲               │
         Não ────╱ foram atingidos?╲              │
                          │ Sim                   │
                          ▼                       │
         ┌─────────────────────────────────┐      │
         │  Compra do equipamento indicado │      │
         └────────────────┬────────────────┘      │
                          ▼                       │
                    ╱ Implementações ╲            │
                    ╲  tecnológicas  ╱            │
                          │                       │
                          ▼                       │
                   ╱ Acompanhamento ╲             │
                   ╲    feed-back   ╱─────────────┘
```

Fonte: Schirmer et al., 2007, p. 35.

Observe que o uso da tecnologia assistiva exige do professor e de toda a equipe pedagógica conhecer as habilidades dos alunos e considerar os objetivos a serem atingidos com tal tecnologia. Não cabe somente inseri-la em nosso dia a dia sem associá-la a um objetivo de aprendizagem e à adaptação dos alunos a ela. Por isso, ações interdisciplinares serão essenciais ao desenvolvimento de todos os alunos envolvidos no processo. Afinal, como aponta Mantoan (2005b), o uso da tecnologia assistiva no âmbito educacional não consiste somente em auxiliar o aluno na realização de tarefas.

De acordo com o Centro de Desenho Universal (The Center for Universal Design), o desenho universal desenvolve sete princípios, como menciona a versão impressa no Brasil (Alves; Ribeiro; Simões, 2013):

1. Uso equiparável.
2. Uso flexível.
3. Simples e intuitivo.
4. Informação perceptível.
5. Tolerância ao erro.
6. Pouca exigência de esforço físico.
7. Tamanho e espaço para acesso e uso.

Você também encontrará os sete princípios com outras informações, como exemplifica a Figura 5.16, mas todas têm como base o mesmo princípio.

Figura 5.16 – Sete princípios do desenho universal

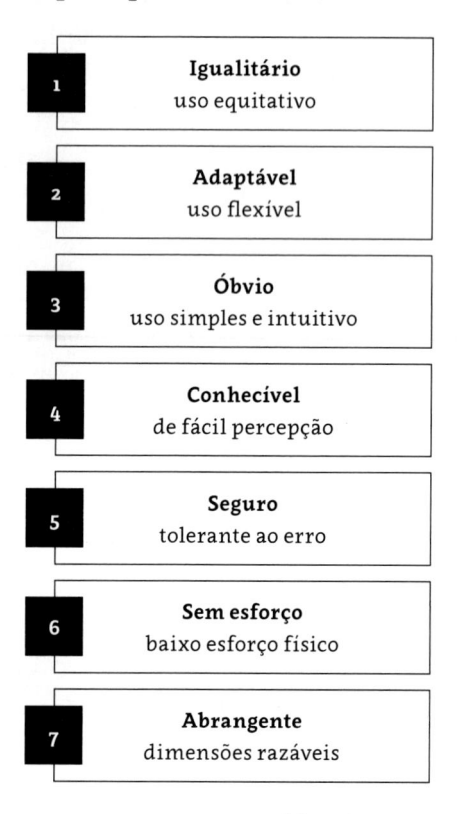

1	**Igualitário** uso equitativo
2	**Adaptável** uso flexível
3	**Óbvio** uso simples e intuitivo
4	**Conhecível** de fácil percepção
5	**Seguro** tolerante ao erro
6	**Sem esforço** baixo esforço físico
7	**Abrangente** dimensões razáveis

Fonte: Elaborado com base em Gabrilli, 2011.

A seguir, exemplificaremos os sete princípios do desenho universal.

5.5.1 Primeiro princípio do desenho universal: uso equiparável

Por *uso equiparável* podemos entender a garantia de segurança e conforto de pessoas com diferentes capacidades. Está relacionado à adequação de espaços, objetos e produtos, como tamanho das portas, acesso com rampas, corrimão etc., tornando o acesso aos ambientes possível para todos.

Na Figura 5.17, você pode ver um exemplo desse princípio, ilustrando uma porta com abertura e fechamento automático.

Figura 5.17 – Exemplo de uso equiparável

Fonte: Gabrilli, 2011, p. 12.

5.5.2 Segundo princípio do desenho universal: uso flexível

Refere-se a produtos ou espaços que podem ser usados por pessoas com diferentes habilidades e diversas preferências, sendo adaptáveis para qualquer uso. Oferece ainda diferentes opções para utilizar materiais, por exemplo, para canhotos e destros.

A Figura 5.18 representa um exemplo desse princípio, que se se refere ao acesso a todos os usuários.

Figura 5.18 – Exemplo de uso flexível

Fonte: Gabrilli, 2011, p. 13.

5.5.3 Terceiro princípio do desenho universal: uso simples e intuitivo

Está relacionado ao uso de recursos que sejam de fácil compreensão para todos, independentemente de sua experiência ou habilidade na linguagem e na comunicação, exibindo percursos simples e intuitivos.

Observe na Figura 5.19 um exemplo desse princípio intuitivo.

Figura 5.19 – Exemplo de uso simples e intuitivo

Sanitário feminino e para pessoas com deficiência.   Sanitário masculino e para pessoas com deficiência.

Fonte: Gabrilli, 2011, p. 14.

5.5.4 Quarto princípio do desenho universal: uso de informação perceptível

De acordo com esse princípio, é recomendável utilizar diferentes formas de comunicação, como texto em braille e avisos sonoros, para atender às necessidades de todas as pessoas, incluindo as deficientes auditivas, visuais e as estrangeiras.

5.5.5 Quinto princípio do desenho universal: tolerância ao erro

Por meio desse princípio, minimizam-se as possibilidades de riscos, protegendo os usuários com sensores nas portas, temporizadores, faixas de contraste etc.

A Figura 5.20 traz um exemplo desse princípio de tolerância ao erro.

Figura 5.20 – Exemplo de tolerância ao erro

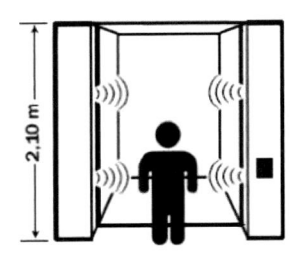

Fonte: Gabrilli, 2011, p. 15.

5.5.6 Sexto princípio do desenho universal: pouca exigência de esforço físico

Esse princípio recomenda o mínimo esforço possível para as pessoas executarem tarefas como abrir uma porta, mover uma maçaneta etc.

Veja na Figura 5.21 um exemplo desse princípio: o uso do sistema de alavanca para abrir e fechar janelas.

Figura 5.21 – Exemplo de pouca exigência de esforço físico

Fonte: São Paulo, 2010, p. 20.

5.5.7 Sétimo princípio do desenho universal: tamanho e espaço

Estabelece dimensões e espaços apropriados para que todas as pessoas possam acessar, alcançar, manipular e usar seus recursos, independentemente do tamanho de seu corpo, de sua postura ou mobilidade.

Na Figura 5.22, pode ser visto um exemplo desse princípio, que se refere ao espaço adequado no local de trabalho, em um banheiro público, permitindo a locomoção e mobilidade, sempre e a todos.

Figura 5.22 – Princípio abrangente

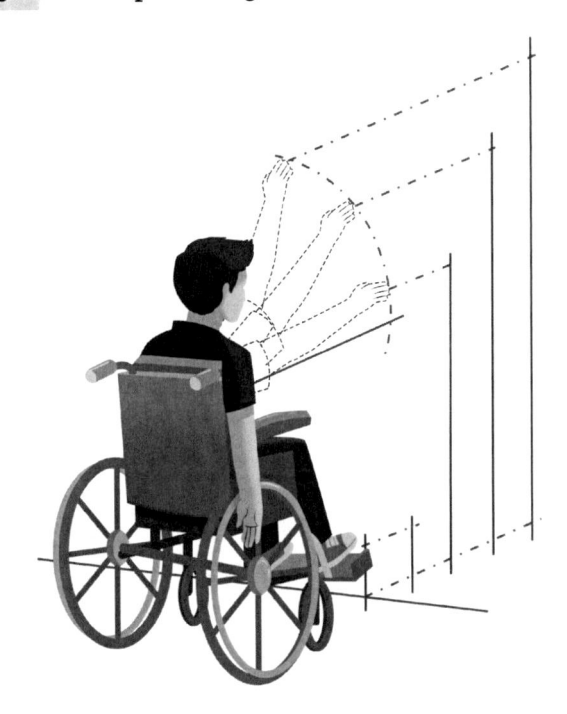

Fonte: São Paulo, [S.d.], p. 10.

Segundo Nunes e Madureira (2015), quando esses princípios são abordados na área da educação, passam a ser denominados *desenho universal da aprendizagem* (DUA), cujos princípios podem ser vistos na Figura 5.23:

Figura 5.23 – Princípios do DUA

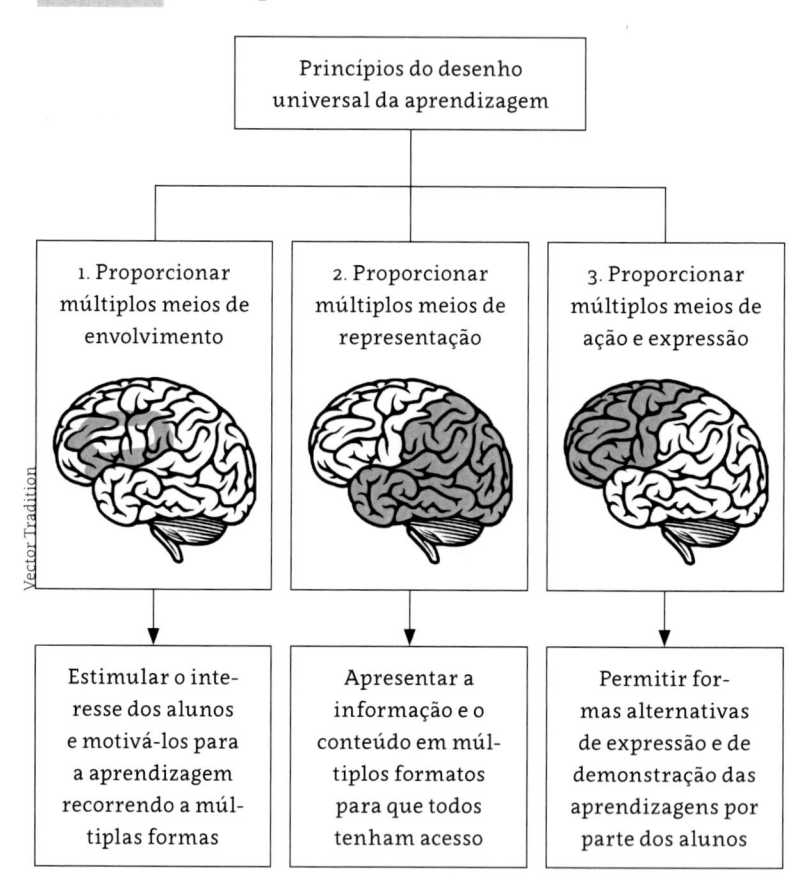

```
              Princípios do desenho
              universal da aprendizagem
```

1. Proporcionar múltiplos meios de envolvimento

2. Proporcionar múltiplos meios de representação

3. Proporcionar múltiplos meios de ação e expressão

Estimular o interesse dos alunos e motivá-los para a aprendizagem recorrendo a múltiplas formas

Apresentar a informação e o conteúdo em múltiplos formatos para que todos tenham acesso

Permitir formas alternativas de expressão e de demonstração das aprendizagens por parte dos alunos

Fonte: Nunes; Madureira, 2015, p. 35.

Observe que os três princípios fazem menção ao contexto das inteligências múltiplas e suas variações, compreendendo as diversas formas de ensino e aprendizagem que devem estar presentes nas salas de aulas com todos os alunos.

Nunes e Madureira (2015) afirmam que estudos fora do Brasil demonstraram que o DUA pode auxiliar os docentes a elaborar seus planos de aula, de modo a torná-las mais acessíveis a todos os alunos. Portanto, é essencial que os futuros pedagogos e profissionais da educação pensem e considerem o outro como diferente em todas as instâncias e não somente no ambiente escolar.

Para saber mais sobre esse assunto, você pode acessar o documento "Formação continuada a distância de professores para o atendimento educacional especializado – deficiência física", de 2007, publicado pelo MEC.

Síntese

Ao longo deste capítulo, explicitamos a importância da adaptação de atividades para que todos os alunos possam compreendê-las. Apresentamos vários exemplos de atividades disponíveis para consulta, que podem e devem permitir o melhor aprendizado possível em sala de aula. Além disso, ressaltamos a importância da alteração e do ajuste necessários para se atender o direito de aprendizagem do aluno.

Além disso, enfatizamos que compreender a importância das tecnologias assistivas e do desenho universal para aprendizagem é dever de todo professor que considera a educação como direito de todos os alunos, não qualquer educação, mas a de qualidade, que garanta a inserção dos sujeitos de modo ativo e participativo na sociedade como um todo.

Indicação cultural

ALFABETIZAÇÃO e síndrome de Down. Disponível em: <https://www.youtube.com/watch?v=Bql5OBAPDJA>. Acesso em: 4 jun. 2020.

As atividades direcionadas à alfabetização precisam ser divertidas e possibilitar aprendizados significativos. Assim, esse vídeo pode ser útil aos futuros professores e profissionais que desejam compreender diferentes práticas pedagógicas.

Atividades de autoavaliação

1. Vimos, durante este capítulo, que a acessibilidade deve ser para todos, por isso o desenvolvimento e aprimoramento do desenho universal da aprendizagem (DUA). Sobre o princípio do uso de informação perceptível, podemos afirmar que:
   a) se refere aos desenhos que devem ser feitos para as crianças com algum tipo de deficiência.
   b) diz respeito às diferentes formas de comunicação.
   c) diz respeito à não inclusão das pessoas com deficiência visual.
   d) contempla somente o uso de textos em braille.
   e) contempla o não atendimento às necessidades do receptador.

2. Sobre as tecnologias assistivas e seus conceitos, podemos afirmar que:
   a) eliminar barreiras é o princípio da tecnologia assistiva, com caráter multidisciplinar.

b) objetivam eliminar somente barreiras específicas, não contemplando todas as pessoas.
c) não são mais necessárias ao Brasil, já que aqui há adaptações realizadas para todas as deficiências.
d) qualidade de vida não é o foco das tecnologias assistivas, já que poucos têm acesso a ela.
e) tecnologias assistivas são meios de possibilitar a inserção na sociedade somente dos deficientes físicos.

3. Sobre as pranchas pictográficas como recurso em sala de aula, é correto afirmar que:
   a) não auxiliam no desenvolvimento, pois seu uso pode causar dependência nos alunos.
   b) auxiliam somente os alunos surdos, não sendo boas ferramentas em sala de aula.
   c) podem ser utilizadas para alunos com variadas deficiências, entre elas o espectro autista.
   d) são meios que dificultam o desenvolvimento do professor com o aluno.
   e) elas acabam servindo ao professor como instrumento único.

4. Sobre os alunos com transtorno global do desenvolvimento (TGD), podemos afirmar que:
   a) é fundamental que realizem atividades que sugiram rotina, uma vez que necessitam de ajuda para se autorregular.
   b) ao realizar atividades que favoreçam o contato prévio com a rotina, se prejudicam, causando ansiedade.
   c) não necessitam de adaptação de atividades, pois não têm questões específicas para serem trabalhadas em sala de aula.

d) implicam somente mudanças de rotina e adaptações físicas, pois o cognitivo não necessita de apoio e adaptações.

e) mudanças são inaceitáveis, devendo ser mantidas para os portadores de TGD estritamente as mesmas atividades diárias.

5. Observe a imagem a seguir e assinale a alternativa correta:

a) A imagem representa os objetivos gerais do desenho universal de aprendizagem como aliados do ensino e da aprendizagem.

b) A imagem representa os objetivos gerais do desenho universal de aprendizagem, que está a serviço somente da área da arquitetura.

c) A imagem demonstra as diferentes áreas cerebrais que podem prejudicar o desenvolvimento de pessoas com o desenho universal da aprendizagem.

d) Os princípios apresentados na imagem não estão condizentes com adaptações de currículo e atividades para pessoas com deficiência.

e) As representações são pequenas e limitadas a todo desenvolvimento das crianças.

Atividades de aprendizagem

Questões para reflexão

1. Vimos que a tecnologia assistiva, assim como a comunicação aumentativa e comunicativa, pode auxiliar os alunos em sala de aula, propiciando o desenvolvimento de suas habilidades. Faça um levantamento em algumas escolas

para observar se as tecnologias estão sendo ofertadas aos alunos e como isso se dá no dia a dia da escola. Em seguida, registre suas considerações sobre o que prevê a lei e a sua aplicação existência nas escolas.

2. Leia o que o MEC afirma sobre as tecnologias e o ensino:

> as ajudas técnicas e a tecnologia assistiva constituem um campo de ação da educação especial que têm por finalidade atender o que é específico dos alunos com necessidades educacionais especiais, buscando recursos e estratégias que favoreçam seu processo de aprendizagem, habilitando-os funcionalmente na realização das tarefas escolares. No processo educacional, poderão ser utilizadas nas salas de recursos tanto a tecnologia avançada, quanto os computadores e softwares específicos, como também recursos de baixa tecnologia, que podem ser obtidos ou confeccionados artesanalmente pelo professor, a partir de materiais que fazem parte do cotidiano escolar. (Brasil, 2006c, p. 19)

a) Escolha uma forma de deficiência com a qual você já tenha convivido em sala de aula, como aluno ou professor, e faça uma prospecção de como a tecnologia poderia auxiliar alunos com essa deficiência. Em seguida, disserte a respeito de qual deve ser o papel do professor diante dessa situação.

b) Após a execução da atividade anterior, redija uma carta a um professor (conhecido ou não) detalhando a importância do uso da tecnologia em sala de aula e do conhecimento que o docente deve ter em relação ao desenvolvimento dos recursos em benefício da aprendizagem de todos.

Atividades aplicadas: prática

1. Crie um material para enriquecer a atividade do professor da educação básica em seu dia a dia. Para isso, considere os alunos com dificuldade na comunicação. Escolha uma história infantil e organize-a usando o recurso das pranchas que são contempladas nas práticas de comunicação alternativa e aumentativa (CAA). Crie seu material com base em um texto literário.

   Em seguida, disserte sobre suas expectativas em relação ao uso desse material e sobre as dificuldades ao produzi-lo.

2. Reflita sobre a educação especial na perspectiva da educação inclusiva com intuito de ampliar e potencializar as possibilidades de ensino de alunos cegos ou com baixa visão. Para isso, elabore três estratégias de ensino para alfabetizar. Defina o tema e o conteúdo. Você pode utilizar diferentes materiais didáticos, como punção e regletes, ferramentas de comunicação com sintetizadores de voz, que possibilitem a leitura e a escrita no computador, soroban, jogos ampliados, entre outros.

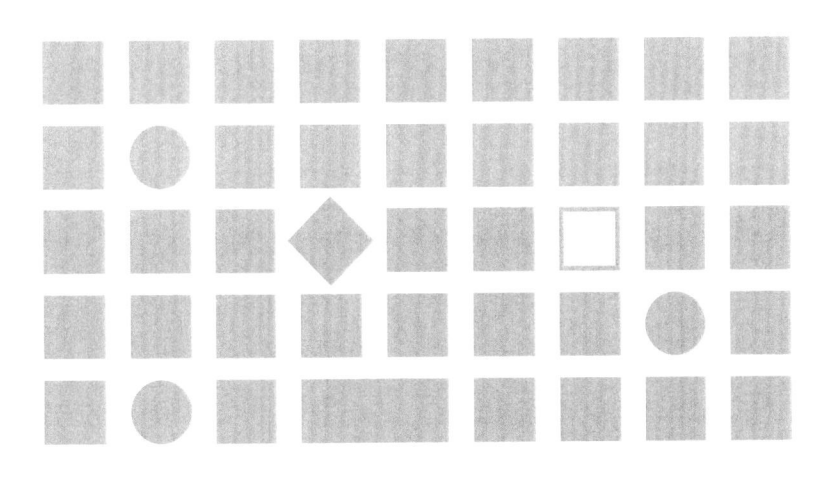

Considerações finais

É sempre muito importante lembrarmos que, no trabalho com educação e desenvolvimento infantil, a responsabilidade sobre o processo de ensino-aprendizagem dos alunos e dos estudantes deve ser compartilhada. Conhecer a legislação e compreendê-la dentro de sua limitação e analisar os espaços educativos, as práticas pedagógicas e os ambientes de desenvolvimento e estímulo são ações incansáveis aos profissionais da área.

No decorrer desta obra, procuramos enfatizar a importância das palavras *inclusão* e *aprendizagem* para repensarmos as práticas pedagógicas, bem como as articulações necessárias para favorecer a alfabetização e o letramento, visando à inclusão integral.

O movimento pela inclusão leva a humanidade a tomar novos rumos em busca da convivência e do respeito com a diversidade, deixando para trás a ideia de que a educação só pode se dar de duas formas – regular ou especial.

Para que a inclusão seja efetiva, precisamos colocar a aprendizagem no centro das atividades escolares, possibilitando a participação de todos. Podemos pensar agora em um grande desafio que se traduz na reflexão sobre modos de trabalhar com todos os nossos alunos, tornando as aulas mais inclusivas e significativas e respeitando as diferenças dos indivíduos.

Ao conhecer um pouco da história da educação especial no Brasil, podemos refletir sobre a importância da participação da família no processo de alfabetização e letramento, o que nos faz concluir que escola e família devem trabalhar juntas.

Ao pensar em atividades para alfabetização, percebemos a importância de adaptar e propor atividades que considerem a necessidade individual de cada aluno. O professor é o mediador de todo esse processo e deve estar sempre em busca de novos desafios e conhecimentos que garantam o sucesso do seu trabalho. Portanto, leia, releia, pesquise e explore todo o seu potencial como profissional e também o das crianças que necessitarem do seu trabalho. Façamos com que nosso trabalho seja um exemplo para a sociedade!

Referências

ALMEIDA, M. L. de. **Formação continuada como processo crítico-reflexivo colaborativo**: possibilidades de construção de uma prática inclusiva. 263 f. Dissertação (Mestrado em Educação) – Programa de Pós-Graduação em Educação, Universidade Federal do Espírito Santo, Vitória, 2004.

ALMEIDA, M. L. de; MARTINS, I. de O. R. **Prática pedagógica inclusiva**: a diferença como possibilidade. Vitória: GM, 2009.

ALVES, M. M.; RIBEIRO, J.; SIMÕES, F. Universal Design for Learning (UDL): contributos para uma escola de todos. **Indagatio Didactica**, Aveiro, v. 5, n. 4, p. 121-146, 2013.

ALVEZ, C. B.; FERREIRA, J. de P.; DAMÁZIO, M. M. **A educação especial na perspectiva da inclusão escolar**: abordagem bilíngue na escolarização de pessoas com surdez. Brasília: Ministério da Educação/Secretaria de Educação Especial; Fortaleza: Universidade Federal do Ceará, 2010. (Coleção A Educação Especial na Perspectiva da Inclusão Escolar, v. 4).

ANYA. Recycled Cardboard Numbers Counters Tactile DIY. In: ANYA. **Blog Montessori for the Heart.** 2019. Disponível em: <https://montessorifromtheheart.com/2018/04/03/diy-recycled-tactile-number-counters-board-pipe-cleaners-pom-pom-math-sensorial-homeschool-preschool/>. Acesso em: 4 jun. 2020.

APA – American Psychiatric Association. **Manual diagnóstico e estatístico de transtornos mentais (DSM-IV-TR)**. 4. ed. Porto Alegre: Artmed, 2002.

ARANHA, M. S. F. **Projeto Escola Viva**: garantindo o acesso e permanência de todos os alunos na escola – necessidades educacionais especiais dos alunos. Brasília: Ministério da Educação/Secretaria de Educação Especial, 2005. Disponível em: <http://portal.mec.gov.br/seesp/arquivos/pdf/construindo.pdf>. Acesso em: 4 jun. 2020.

ARMSTRONG, T. **Inteligências múltiplas na sala de aula**. 2. ed. Porto Alegre: Artmed, 2001.

ATIVIDADE PARA EDUCAÇÃO ESPECIAL. **Inclusão**: dominó de palavras. 5 ago. 2017. Disponível em: <http://atividadeparaeducacaoespecial.com/inclusao-domino-de-palavras/>. Acesso em: 4 jun. 2020.

AZUL, C. Bolsa de TNT decorada com EVA "meninas e meninos". In: AZUL, C. **Blog Christina Azul Arte em EVA**. 12 fev. 2013. Disponível em: <http://christinazul.blogspot.com/2013/02/bolsa-de-tnt-decorada-com-eva-meninas-e.html>. Acesso em: 4 jun. 2020.

BAKHTIN, M. **Estética da criação verbal**: introdução e tradução de Paulo Bezerra. Prefácio à edição francesa de Tzvetan Todorov. 4. ed. São Paulo: Martins Fontes, 2003.

BAKHTIN, M. **Questões de literatura e estética**: a teoria do romance. 4. ed. São Paulo: Editora da Unesp, 1998.

BRASIL. Constituição (1988). **Diário Oficial da União**, Brasília, DF, 5 out. 1988.

BRASIL. Decreto n. 5.296, de 2 de dezembro de 2004. **Diário Oficial da União**, Poder Executivo, Brasília, DF, 2 dez. 2004a. Disponível em: <http://www.planalto.gov.br/ccivil_03/_ato2004-2006/2004/decreto/d5296.htm>. Acesso em: 4 jun. 2020.

BRASIL. Decreto n. 3.298, de 20 de dezembro de 1999. **Diário Oficial da União**, Poder Executivo, Brasília, DF, 21 dez. 1999a. Disponível em: <http://www.planalto.gov.br/ccivil_03/decreto/d3298.htm>. Acesso em: 4 jun. 2020.

BRASIL. **Declaração de Salamanca e linha de ação sobre necessidades educativas especiais.** Brasília, DF: CORDE, 1994a.

BRASIL. Lei n. 4.024, de 20 de dezembro de 1961. **Diário Oficial da União**, Poder Legislativo, Brasília, DF, 27 dez. 1961. Disponível em: <http://www.planalto.gov.br/ccivil_03/leis/L4024.htm#:~:text=LEI%20N%C2%BA%204.024%2C%20DE%2020%20DE%20DEZEMBRO%20DE%201961.&text=Fixa%20as%20Diretrizes%20e%20Bases%20da%20Educa%C3%A7%C3%A3o%20Nacional.&text=a)%20a%20compreens%C3%A3o%20dos%20direitos,grupos%20que%20comp%C3%B5em%20a%20comunidade%3B&text=%C3%80%20fam%C3%ADlia%20cabe%20escolher%20,deve%20dar%20a%20seus%20filhos>. Acesso em: 4 jun. 2020.

BRASIL. Lei n. 5.692, de 11 de agosto de 1971. **Diário Oficial da União**, Poder Legislativo, Brasília, DF, 12 ago. 1971. Disponível em: <http://www.planalto.gov.br/ccivil_03/leis/l5692.htm#:~:text=LEI%20No%205.692%2C%20DE%2011%20DE%20AGOSTO%20DE%201971.&text=Fixa%20Diretrizes%20e%20Bases%20para,graus%2C%20e%20d%C3%A1%20outras%20provid%C3%AAncias.&text=Art.&text=1%C2%BA%20Para%20efeito%20do%20que,m%C3%A9dio%2C%20o%20de%20segundo%20grau.>. Acesso em: 4 jun. 2020.

BRASIL. Lei n. 7.853, de 24 de outubro de 1989. **Diário Oficial da União**, Poder Legislativo, Brasília, DF, 25 out. 1989. Disponível em: <http://www.planalto.gov.br/ccivil_03/leis/l7853.htm>. Acesso em: 4 jun. 2020.

BRASIL. Lei n. 8.069, de 13 de julho de 1990. *Diário Oficial da União*, Poder Legislativo, Brasília, DF, 16 jul. 1990. DIsponível em: <http://www.planalto.gov.br/ccivil_03/leis/l8069.htm#:~:text=LEI%20N%C2%BA%208.069%2C%20DE%2013%20DE%20JULHO%20DE%201990.&text=Disp%C3%B5e%20sobre%20o%20Estatuto%20da, Adolescente%20e%20d%C3%A1%20outras%20provid%C3%AAncias.&text=Art.%20I%C2%BA%20Esta%20Lei%20disp%C3%B5e,%C3%A0%20crian%C3%A7a%20e%20ao%20adolescente.&text=Nos%20casos%20expressos%20em%20lei,e%20um%20anos%20de%20idade.>. Acesso em: 4 jun. 2020.

BRASIL. Lei n. 9.394, de 20 de dezembro de 1996. **Diário Oficial da União**, Poder Legislativo, Brasília, DF, 23 dez. 1996. Disponível em: <http://www.planalto.gov.br/ccivil_03/leis/l9394.htm>. Acesso em: 4 jun. 2020.

BRASIL. Lei n. 12.796, de 4 de abril de 2013. **Diário Oficial da União**, Poder Legislativo, Brasília, DF, 5 abr. 2013. Disponível em: <http://www.planalto.gov.br/ccivil_03/_Ato2011-2014/2013/Lei/L12796.htm#:~:text=LEI%20N%C2%BA%2012.796%2C%20DE%204%20DE%20ABRIL%20DE%202013.&text=Altera%20a%20Lei%20n%C2%BA%209.394,educa%C3%A7%C3%A3o%20e%20dar%20outras%20provid%C3%AAncias.>. Acesso em: 4 jun. 2020.

BRASIL. Lei n. 13.005, de 25 de junho de 2014. **Diário Oficial da União**, Poder Legislativo, Brasília, DF, 26 jun. 2014. Disponível em: <http://www.planalto.gov.br/ccivil_03/_ato2011-2014/2014/lei/l13005.htm>. Acesso em: 4 jun. 2020.

BRASIL. Lei n. 13.146, de 6 de julho de 2015. **Diário Oficial da União**, Poder Legislativo, Brasília, DF, 7 jul. 2015a. Disponível em: <http://www.planalto.gov.br/ccivil_03/_ato2015-2018/2015/lei/l13146.htm>. Acesso em: 4 jun. 2020.

BRASIL. PNAD Contínua 2016: 51% da população com 25 anos ou mais do Brasil possuíam no máximo o ensino fundamental completo. Agência IBGE Notícias. 29 abr. 2019. Disponível em: <https://agenciadenoticias.ibge.gov.br/agencia-sala-de-imprensa/2013-agencia-de-noticias/releases/18992-pnad-continua-2016-51-da-populacao-com-25-anos-ou-mais-do-brasil-possuiam-no-maximo-o-ensino-fundamental-completo>. Acesso em: 4 jun. 2020.

BRASIL. Conselho Nacional de Educação. Parecer n. 17/2001, de 3 de julho de 2001. **Diretrizes Nacionais para a Educação Especial na Educação Básica**. Brasília, DF, 2001a. Disponível em: <http://portal.mec.gov.br/cne/arquivos/pdf/CEB017_2001.pdf>. Acesso em: 4 jun. 2020.

BRASIL. Conselho Nacional de Educação. Resolução n. 2, de 11 de setembro de 2001. **Diário Oficial da União**, Brasília, DF, 2001b. Disponível em: <http://portal.mec.gov.br/cne/arquivos/pdf/CEB0201.pdf>. Acesso em: 4 jun. 2020.

BRASIL. Ministério da Educação. Conselho Nacional de Educação. Câmara de Educação Básica. Resolução n. 4, de 2 de outubro de 2009. **Diário Oficial da União**, Brasília, DF, 2 out. 2009. Disponível em: <http://portal.mec.gov.br/dmdocuments/rceb004_09.pdf>. Acesso em: 4 jun. 2020.

BRASIL. Ministério da Educação. **Convenção da Organização dos Estados Americanos**. Disponível em: <http://portal.mec.gov.br/seesp/arquivos/pdf/guatemala.pdf>. Acesso em: 4 jun. 2020a.

BRASIL. Ministério da Educação. **Estudo revela que sucesso na alfabetização não depende do método utilizado**. 28 abr. 2006a. Disponível em: <http://portal.mec.gov.br/index.php?option=com_content&view=article&id=6121&catid=211>. Acesso em: 19 jun. 2020.

BRASIL. Ministério da Educação. **Legislação de educação especial.** Disponível em: <http://portal.mec.gov.br/programa-saude-da-escola/323-secretarias-112877938/orgaos-vinculados-82187207/13020-legislacao-de-educacao-especial>. Acesso em: 4 jun. 2020b.

BRASIL. Ministério da Educação. **Programa Educação Inclusiva:** direito à diversidade. Educação inclusiva: a escola. Brasília, DF: MEC/Seed/Seesp, 2004b. v. 3.

BRASIL. Ministério da Educação. **Programa de Capacitação de Recursos Humanos do Ensino Fundamental:** superdotação e talento – Vol. II. Brasília, DF: MEC/Seed/Seesp, 1999b.

BRASIL. Ministério da Educação. Instituto Nacional de Estudos e Pesquisas Educacionais Anísio Teixeira. **PNE:** Plano Nacional de Educação. Brasília, DF, 2000.

BRASIL. Ministério da Educação. Secretaria de Educação Básica. Diretoria de Apoio à Gestão Educacional. **Caderno de educação especial:** a alfabetização de crianças com deficiência – uma proposta inclusiva. Brasília, DF, 2012. Disponível em: <http://www.serdigital.com.br/gerenciador/clientes/ceel/material/109.pdf>. Acesso em: 4 jun. 2020.

BRASIL. Ministério da Educação. Secretaria de Educação Básica. Diretoria de Apoio à Gestão Educacional. **Pacto Nacional pela Alfabetização na Idade Certa.** Currículo na perspectiva da inclusão e da diversidade: as Diretrizes Curriculares Nacionais da Educação Básica e o ciclo de alfabetização. Caderno 01. Brasília, DF: MEC/SEB, 2015b.

BRASIL. Ministério da Educação. Secretaria de Educação Especial. **Diretrizes Nacionais para a Educação Especial na Educação Básica.** Brasília, DF, 2001c.

BRASIL. Ministério da Educação. Secretaria de Educação Especial. **Grafia Braille para a Língua Portuguesa.** Brasília: Seesp, 2006b.

BRASIL. Ministério da Educação. Secretaria de Educação Especial. **Marcos político-legais da educação especial na perspectiva da educação inclusiva**. Brasília, DF, 2010.

BRASIL. Ministério da Educação. Secretaria de Educação Especial. **Política Nacional de Educação Especial**. Brasília, DF, 1994b.

BRASIL. Ministério da Educação. Secretaria de Educação Especial. **Política Nacional de Educação Especial na Perspectiva da Educação Inclusiva**. Brasília, DF, 2007.

BRASIL. Ministério da Educação. Secretaria de Educação Especial. **Programa Educação Inclusiva**: a escola. Brasília, DF, 2004c. v. 3. Disponível em: <http://portal.mec.gov.br/seesp/arquivos/pdf/aescola.pdf>. Acesso em: 4 jul. 2020.

BRASIL. Ministério da Educação. Secretaria de Educação Especial. **Política Nacional de Educação Especial na Perspectiva da Educação Inclusiva**. Brasília, DF, 1993.

BRASIL. Ministério da Educação. Secretaria de Educação Especial. **Política Nacional de Educação Especial na Perspectiva da Educação Inclusiva**. Brasília, DF, 2006c.

BRASIL. Ministério da Educação. Secretaria de Educação Especial. **Política Nacional de Educação Especial na Perspectiva da Educação Inclusiva**. Brasília, DF, 2008.

BRASIL. Ministério da Educação. Secretaria de Educação Fundamental. Secretaria de Educação Especial. **Parâmetros Curriculares Nacionais**: adaptações curriculares. Brasília, DF, 1998.

BRUNI, A. R. et al. **Cartilha Autismo e Educação**. 2013. Disponível em: <http://autismo.institutopensi.org.br/wp-content/uploads/manuais/Cartilha-AR-Out-2013.pdf>. Acesso em: 4 jun. 2020.

CAIADO, K. R. M.; LAPLANE, A. L. F. de. Programa Educação Inclusiva: direito à diversidade – uma análise a partir da visão de gestores de um município-polo. **Educação e Pesquisa**, São Paulo, v. 35, n. 2, p. 303-315, maio/ago. 2009.

CAPOVILLA, A. G. S.; CAPOVILLA, F. C. C. **Alfabetização**: método fônico. São Paulo: Memnon, 2003.

CAPOVILLA, A. G. S.; CAPOVILLA, F. C. C. **Problemas de leitura e escrita**: como identificar, prevenir e remediar numa abordagem fônica. São Paulo: Memnon-Edipusp-Fapesp, 2000.

CÁRNIO, M. S.; SHIMAZAKI, E. M. Letramento e alfabetização das pessoas com deficiência intelectual. **Teoria e Prática da Educação**, v. 14, n. 1, p. 143-151, jan./abr. 2011. Disponível em: <http://periodicos.uem.br/ojs/index.php/TeorPratEduc/article/view/16112>. Acesso em: 4 jun. 2020.

CARTILHA Autismo e Educação. São Paulo: Instituto Pensi, 2013.

CASAGRANDE, F. Como a legislação assegura a inclusão dos alunos com deficiência. **Nova Escola**, 1 jul. 2009. Disponível em: <https://gestaoescolar.org.br/conteudo/192/como-a-legislacao-assegura-a-inclusao-dos-alunos-com-deficiencia>. Acesso em: 4 jun. 2020.

CESVALE. **A teoria das inteligências múltiplas**. 20 jan. 2019. Disponível em: <https://cesvale.edu.br/a-teoria-das-inteligencias-multiplas/>. Acesso em: 4 jun. 2020.

CONVENÇÃO sobre os direitos das pessoas com deficiência. Vitória: Ministério Público do Trabalho; Projeto PCD Legal, 2014. Disponível em: <http://www.pcdlegal.com.br/convencaoonu/wp-content/themes/convencaoonu/downloads/ONU_Cartilha.pdf>. Acesso em: 18 jun. 2020.

COSSETIN, E. F. M. **Caminhos da inclusão na educação infantil**: uma experiência no município de Ijuí/RS. 71 f. Trabalho de conclusão de curso (Especialização em Educação Especial) – Universidade Regional do Noroeste do Estado do Rio Grande do Sul, Ijuí, 2012. Disponível em: <http://bibliodigital.unijui.edu.br:8080/xmlui/bitstream/handle/123456789/824/CAMINHOS%20DA%20INCLUS%C3%83O%20NA%20EDUCA%C3%87%C3%83O%20INFANTIL%20UMA%20EXPERI%C3%8ANCI%20%281%29.pdf?sequence=1>. Acesso em: 4 jun. 2020.

COSSETIN, E. F. M. Jogos virtuais como estratégia de aprendizagem e inclusão. **Diversa**, 9 fev. 2018. Disponível em: <http://diversa.org.br/artigos/jogos-virtuais-como-estrategia-de-aprendizagem-e-inclusao/>. Acesso em: 4 jun. 2020.

CRISTINA, M. Jogo da memória: Libras. In: CRISTINA, M. **Blog Educando com Arte 10**. Tocantins, 19 nov. 2011. Disponível em: <http://educandocomarte10.blogspot.com/2011/11/jogo-da-memoria-libras.html>. Acesso em: 4 jun. 2020.

DANYLUK, O. **Alfabetização matemática**: as primeiras manifestações da escrita infantil. Porto Alegre: Sulina; Passo Fundo: Ediupf, 1998.

DEFICIÊNCIA FÍSICA E ENSINO COLABORATIVO. **Exemplos de atividades estratégicas**, 2013. Disponível em: <http://ensinocolaborativoedeficienciafisica.blogspot.com/p/exemplos-de-atividadesestrategias.html>. Acesso em: 4 jun. 2020.

DELIBERATO, D. et al. **Comunicação suplementar e ou alternativa no contexto da música**: recursos e procedimentos para favorecer o processo de inclusão de alunos com deficiência. São Paulo: Unesp, 2016.

DOLORES. Sugestão de atividades para alunos com TGD. Livros com símbolos pictográficos de comunicação. **AEE2013Dolores**. 28 maio 2014. Disponível em: <https://aeespecializado2013.blogspot.com/2014/05/sugestao-de-atividades-para-alunos-com.html>. Acesso em: 4 jun. 2020.

FACION, J. R. **Transtornos do desenvolvimento e do comportamento**. 3. ed. Curitiba: Ibpex, 2007.

FARAH, N. Brincadeiras elevam nível de concentração em crianças com TDAH. **Mais Equilíbrio**. Disponível em: <http://www.maisequilibrio.com.br/saude/brincadeiras-elevam-nivel-de-concentracao-em-criancas-com-tdah-5-1-4-581.html>. Acesso em: 4 jun. 2020.

FEDATO, R. B. Alfabetização matemática e o Pacto Nacional Pela Alfabetização na Idade Certa. CONGRESSO NACIONAL DE EDUCAÇÃO, 2015, Curitiba. **Anais**... Curitiba: Pontifícia Universidade Católica do Paraná, 2015. Disponível: <https://educere.bruc.com.br/arquivo/pdf2015/17035_7579.pdf>. Acesso em 4 jun. 2020.

FEDERAÇÃO Brasileira das Associações de Síndrome de Down. **Síndrome de Down**. Disponível em: <http://federacaodown.org.br/index.php/sindrome-de-down/>. Acesso em: 19 jun. 2020

FELIPPIN, M. C. T. **A construção da escrita e leitura**: aplicações de situações de aprendizagem envolvendo material concreto e *softwares* educativos em um processo de alfabetização. 10 f. Monografia. (Especialização em Informática na Educação) – Universidade Luterana do Brasil, Canoas, 2004.

FERNANDES, L. Materiais escolares: dificuldades e estratégias. **Eduqa.me**, 21 mar. 2017. Disponível em: <http://naescola.eduqa.me/desenvolvimento-infantil/sera-que-os-materiais-escolares-estao-adequados-as-necessidades-dos-meus-alunos/>. Acesso em: 4 jun. 2020.

FERREIRA, M. C. C; FERREIRA, J. R. Sobre inclusão, políticas públicas e práticas pedagógicas. In: GÓES, M. C. R.; LAPLANE, A. L. F. (Org.). **Políticas e práticas de educação inclusiva**. Campinas: Autores Associados, 2004. p. 21-48.

FERREIRA, M. E. C.; GUIMARÃES, M. **Educação inclusiva**. Rio de Janeiro: DP&A, 2003.

FERREIRA; O. G.; AKEHO, L. M.; FERRARI, A, C. **Estratégias de alfabetização e letramento para crianças com dislexia**: possibilidades através dos métodos fônico e multissensorial. Centro Universitário Metodista Izabela Hendrix – Universidade Federal de Minas Gerais. 2017. Disponível em: <http://izabelahendrix.edu.br/pesquisa/anais/arquivo-2017/estrategias-de-alfabetizacao-e-letramento-para-criancas-com-dislexia-possibilidades-atraves-dos-metodos-fonico-e-multissensorial>. Acesso em: 4 jun. 2020.

FERREIRO, E. **Com todas as letras**. 4. ed. São Paulo: Cortez, 1993.

FERREIRO, E. **Reflexão sobre a alfabetização**. 20. ed. São Paulo: Cortez, 1992.

FERRI, C. P.; GALDURÓZ, J. C. F. **Critérios diagnósticos**: CID 10 e DSM. Eixo Políticas e Fundamentos. Disponível em: <http://www.aberta.senad.gov.br/medias/original/201704/20170424-094920-001.pdf>. Acesso em: 4 jun. 2020.

FRADE, I. C. A. da S. Alfabetização digital: problematização do conceito e possíveis relações com a pedagogia e com aprendizagem inicial do sistema de escrita. In: COSCARELLI, C.; RIBEIRO, E. (Org.). **Letramento digital**: aspectos sociais e possibilidades pedagógicas. Belo Horizonte: Autêntica, 2005. p. 29-83.

FRADE, I. C. A. da S. **Alfabetização digital**. Disponível em: <http://www.ceale.fae.ufmg.br/app/webroot/glossarioceale/verbetes/alfabetizacao-digital>. Acesso em: 4 jun. 2020a.

FRADE, I. C. A. da S. **Método fônico ou fonético**. Disponível em: <http://ceale.fae.ufmg.br/app/webroot/glossarioceale/verbetes/metodo-fonico-ou-fonetico>. Acesso em: 4 jun. 2020b.

FRADE, I. C. A. da S. Métodos de alfabetização, métodos de ensino e conteúdos da alfabetização: perspectivas históricas e desafios atuais. **Educação**, Santa Maria, v. 32, n. 1, p. 21-40, jan./jun., 2007.

FREIRE, Paulo. **Pedagogia do oprimido**. 17. ed. Rio de Janeiro, Paz e Terra, 1987.

GAMA, M. C. S. S. As teorias de Gardner e de Sternberg na educação de superdotados. **Revista Educação Especial**, v. 27, n. 50. set./dez. 2014.

GABRILLI, M. **Desenho universal**: um conceito para todos. 2011. Disponível em: <https://www.maragabrilli.com.br/wp-content/uploads/2016/01/universal_web-1.pdf>. Acesso em: 4 jun. 2020.

GARDNER, H. **Estruturas da mente**: a teoria das inteligências múltiplas. Porto Alegre: Artes Médicas, 1994.

GARDNER, H. **Inteligências múltiplas**: a teoria na prática. Tradução de Maria Adriana Veríssimo Veronese. Porto Alegre: Artes Médicas, 1995.

GLAT, R. O papel da família na integração do portador deficiência. **Revista Brasileira de Educação Especial**, v. 2, n. 4, p. 111-118, 1996.

GOMES, M. Atividade autista. Modelo de rotina diária. In: GOMES, M. **Blog Sala de Recursos**. 16 set. 2005. Disponível em: <http://marligomesd1704.blogspot.com/search/label/Atividade%20Autista>. Acesso em: 4 jun. 2020.

JANNUZZI, G. **A luta pela educação do deficiente mental no Brasil**. São Paulo: Cortez; Autores Associados, 1992.

JARDINI, R. S. R. **Alfabetização e reabilitação pelo método das boquinhas**. Livro 1: Fundamentação Teórica. Bauru: Jardini, 2010.

JARDINI, R. S. R.; GOMES, P. T. S. **Alfabetização com as boquinhas**. São José dos Campos: Pulso, 2008.

JARDINI, R. S. R.; GUIMARÃES, V. **Novo alfabetização com as boquinhas**. Bauru: Boquinhas Aprendizagem e Assessoria, 2015. v. 1.

KLEIMAN, A. Modelos de letramento e as práticas de alfabetização na escola. In: KLEIMAN, A. (Org.). **Os significados do letramento**. Campinas, SP: Mercado de Letras, 2008. p. 15-61.

LEIS e documentos. **Inclusão Já**. Disponível em: <https://inclusaoja.com.br/legislacao/>. Acesso em: 4 jun. 2020.

LÉVY, P. **Tecnologias da inteligência**: o futuro do pensamento na era da informática. Rio de Janeiro: Ed. 34, 1993.

MANTOAN, M. T. E. A hora da virada. **Inclusão: Revista da Educação Especial**, Brasília, v. 1, n. 1, p. 24-28, 2005a.

MANTOAN, M. T. E. **A tecnologia aplicada à educação na perspectiva inclusiva**. 2005b. Mimeografado.

MANTOAN, M. T. E. **Inclusão escolar**: o que é? Por quê? Como fazer? São Paulo: Summus, 2015.

MANTOAN, M. T. E. Integração x inclusão: educação para todos. **Pátio**, Porto Alegre, n. 5, p. 4-5, maio/jun. 1998.

MANUAL da mídia legal: comunicadores pela inclusão. Rio de Janeiro: WVA, 2002. Disponível em: <http://www.escoladegente.org.br/_old/_recursos/_documentos/mmli/mmli.pdf>. Acesso em: 4 jun. 2020.

MANZINI, E. J.; DELIBERATO, D. **Portal de ajudas técnicas para a educação**: equipamento e material pedagógico para educação, capacitação e recreação da pessoa com deficiência física – recursos para comunicação alternativa. Brasília, DF: MEC/Seesp, 2004. Fasc. 2.

MANZINI, E. J.; DELIBERATO, D. **Portal de ajudas técnicas para a educação**: equipamento e material pedagógico para educação, capacitação e recreação da pessoa com deficiência física – recursos pedagógicos II. Brasília, DF: MEC/Seesp, 2007. Fasc. 4.

MANZINI, E. J.; SANTOS, M. C. F. **Portal de ajudas técnicas para educação**: equipamento e material pedagógico especial para educação, capacitação e recreação da pessoa com deficiência física. Brasília, DF: MEC/Seesp, 2002. Disponível em: <http://portal.mec.gov.br/seesp/arquivos/pdf/rec_adaptados.pdf>. Acesso em: 4 jun. 2020.

MARQUES, C. Dinâmica do espelho. In: MARQUES, Cida. **Blog Anjinhos da Tia Cida Marques.** 2 mar. 2012. Disponível em: <https://anjinhosdatiacidamarques.blogspot.com/2012/03/dinamica-do-espelho.html>. Acesso em: 4 jun. 2020.

MATURANA, A. P. P. M.; CIA, F. Educação especial e a relação família-escola: análise da produção científica de teses e dissertações. **Psicologia Escolar e Educacional**, São Paulo, v. 19, n. 2, p. 349-358, maio/ago. 2015.

MAZZOTTA, M. J. S. **Educação especial no Brasil**: história e políticas públicas. 4. ed. São Paulo: Cortez, 2003.

MAZZOTTA, M. J. S. **Educação especial no Brasil**: história e políticas públicas. 5. ed. São Paulo: Cortez, 2005.

MELLO, A. **Saberes e práticas da inclusão**: dificuldades acentuadas de aprendizagem: autismo. Brasília, DF: MEC/Seesp, 2004.

MELLO, A. M. et al. **Retratos do autismo no Brasil**. São Paulo: Gráfica da AMA, 2013.

MENEZES, E. T. de. Necessidades educacionais especiais. In: **Dicionário Interativo da Educação Brasileira – Educabrasil**, São Paulo, 2001. Disponível em: <http://www.educabrasil.com.br/necessidades-educacionais-especiais/>. Acesso em: 4 jun. 2020.

MIRALHA, J.; SCHULÜNZEN, E. T. M. Inclusão escolar e a prática pedagógica. In: CONGRESSO ESTADUAL PAULISTA SOBRE FORMAÇÃO DE EDUCADORES, 9., 2007. **Anais...** São Paulo: Unesp, 2007.

MORTATTI, M. R. L. **Os sentidos da alfabetização**. São Paulo: Ed. da Unesp/Conped, 2000.

MORTATTI, M. R. L. **Educação e letramento**. São Paulo: Ed. da Unesp 2004.

NOGUEIRA, M. Z. de L.; BEZERRA, L. M. A. Educação especial: reflexões acerca da temática. **Id On Line Revista de Psicologia**, v. 10, n. 33, p. 283-299, jan. 2017. Disponível em: <https://idonline.emnuvens.com.br/id/article/viewFile/622/887>. Acesso em: 4 jun. 2020.

NO MUNDO DA MATERNIDADE. **40 atividades montessorianas**. 18 jul. 2016. Disponível em: <http://nomundodamaternidade.com.br/2016/07/atividades-inspiradas-no-metodos.html>. Acesso em: 4 jun. 2020.

NUMICON. The Numicon Approach, 2019. Disponível em: <https://www.numicon.co.nz/489240/>. Acesso em: 4 jun. 2020.

NUNES, C.; MADUREIRA, I. Desenho universal para a aprendizagem: construindo práticas pedagógicas. **Da Investigação às Práticas**, v. 5, n. 2, p. 126-143, 2015. Disponível em: <http://www.scielo.mec.pt/pdf/inp/v5n2/v5n2a08.pdf>. Acesso em: 4 jun. 2020.

O PROCESSO de inclusão de crianças com necessidades educacionais especiais. Inclusão. Disponível em: <https://wwwp.fc.unesp.br/~lizanata/tcc/atividadesdidaticasmat.html>. Acesso em: 4 jun. 2020.

OLIVEIRA, C. **Um retrato do autismo no Brasil**. Disponível em: <http://www.usp.br/espacoaberto/?materia=um-retrato-do-autismo-no-brasil>. Acesso em: 19 jun. 2020.

OLIVEIRA, P. de. **As práticas de letramento da família e as dificuldades de aprendizagem**: perspectivas para o debate. 93 f. Dissertação (Mestrado em Educação Especial) – Universidade Federal de São Carlos, São Carlos, 2011.

PAPALIA, D. E.; FELDMAN, R. D. **Desenvolvimento humano**. 12. ed. Porto Alegre: AMGH, 2000.

PASSADORI, L. P. Alfabetização e o transtorno do espectro autista nível 1. In: CONGRESSO NACIONAL DE INICIAÇÃO CIENTÍFICA (CONIC), 15., Ribeirão Preto, 2015.

PRANCHA FÁCIL. Disponível em: <https://sites.google.com/a/nce.ufrj.br/prancha-facil/home>. Acesso em: 4 jun. 2020.

QUADROS, R. M. de; SCHMIEDT, M. L. P. **Ideias para ensinar português para alunos surdos**. Brasília: Ministério da Educação/Secretaria de Educação Especial, 2006. Disponível em: <http://portal.mec.gov.br/seesp/arquivos/pdf/port_surdos.pdf>. Acesso em: 4 jun. 2020.

RIEF, S. F.; HEIMBURGE, J. A. **Como ensinar todos os alunos na sala de aula inclusiva**: estratégias prontas a usar, lições e atividades concebidas para ensinar alunos com necessidades de aprendizagem diversas. Tradução de Isabel Maria Pardal Hanemann Soares. Porto: Porto, 2000.

SANTOS, C. G.; RIBEIRO, J. M. S. Alfabetização realizada a partir da associação da teoria construtiva e método fônico. **Revista Eletrônica Científica Inovação e Tecnologia**, Medianeira, v. 8, n. 16, 2017.

SCHIRMER, C. R. et al. **Atendimento educacional especializado**: deficiência física. Brasília, DF: MEC/Seed/Seesp, 2007. Disponível em: <http://portal.mec.gov.br/seesp/arquivos/pdf/aee_df.pdf>. Acesso em: 19 jun. 2020.

SECRETARIA MUNICIPAL DE EDUCAÇÃO. Dominó da tabuada para imprimir. **Blog Atividades Paic Pnaic**. 24 jul. 2017. Disponível em: <http://atividadespaicpnaic.blogspot.com/2015/07/domino-da-tabuada-para-imprimir.html>. Acesso em: 4 jun. 2020.

SÃO PAULO (Cidade). Secretaria Municipal da Pessoa com Deficiência e Mobilidade Reduzida – SMPED. **Acessibilidade**: manual de instruções técnicas de acessibilidade para apoio ao projeto arquitetônico. São Paulo: SMPED, [S.d.]. Disponível em: <https://www.prefeitura.sp.gov.br/cidade/secretarias/upload/pessoa_com_deficiencia/manual%20acessibilidade.pdf>. Acesso em: 4 jun. 2020.

SÃO PAULO (Estado). **Diretrizes do desenho universal na habitação de interesse social**. São Paulo, 2010. Disponível em: <http://www.mpsp.mp.br/portal/page/portal/Cartilhas/manual-desenho-universal.pdf>. Acesso em: 4 jun. 2020.

SARTORETTO, M. L.; BERSCH, R. O que é a comunicação alternativa? **Assistiva**: tecnologia e educação, 2019. Disponível em: <http://www.assistiva.com.br/ca.html>. Acesso em: 4 jun. 2020.

SASSAKI, R. K. **Inclusão**: construindo uma sociedade para todos. 2. ed. Rio de Janeiro: WVA, 1997.

SASSAKI, R. K. Terminologia sobre deficiência na era da inclusão. **Revista Sentidos**, jun. 2005. Disponível em: <https://acessibili dade.ufg.br/up/211/o/TERMINOLOGIA_SOBRE_DEFICIENCIA_ NA_ERA_DA.pdf?1473203540>. Acesso em: 4 jun. 2020.

SILVA, A. M. da. **Educação especial e inclusão escolar**: história e fundamentos. Curitiba: Ibpex, 2010.

SILVA, W. S.; FERNANDES, M. A. V. **Estrutura e funcionamento da educação básica**. São Paulo: Sol, 2011.

SILVA FILHO, R. B. Formação pedagógica de educadores da educação superior no Brasil: algumas implicações. **Educação por Escrito – PUCRS**, v. 4, n. 1, p. 15-31, jun. 2013.

SOARES, M. **Alfabetização e letramento**. 6. ed. São Paulo: Contexto, 2011.

SOARES, M. **As muitas faces da alfabetização**. São Paulo: Cadernos de Pesquisa, 1985.

SOARES, M. É impossível, no estado atual do conhecimento e das pesquisas sobre a aprendizagem da escrita, deter o uso da palavra e do conceito de letramento. **Revista Pátio**, Porto Alegre, Ano IX, n. 34, maio/jul., 2005.

SOARES, M. **Letramento**: um tema em três gêneros. Belo Horizonte: Autêntica, 2017.

SOARES, M. Letramento e escolarização. In: RIBEIRO, V. M. (Org.). **Letramento no Brasil**. São Paulo: Global, 2004.

SOARES, M. Novas práticas de leitura e escrita: letramento na cibercultura. **Educação & Sociedade** [on-line]. v. 23, n. 81, p. 143-160, dez. 2002.

STAINBACK, S.; STAINBACK, W. **Inclusão**: um guia para educadores. Porto Alegre: Artmed, 1999.

TRIGO, D. O método multissensorial, fônico e articulatório e sua eficácia no processo de alfabetização. **Blogin**, 2018. Disponível em: <http://www.blogin.com.br/2018/04/06/metodo-multissensorial-fonico-articulatorio-eficacia-no-processo-alfabetizacao/>. Acesso em: 4 jun. 2020.

UNESCO – United Nations Educational, Scientific and Cultural Organization. **Declaração de Salamanca**: sobre princípios, política e práticas na área das necessidades educativas especiais. Salamanca, 1994.

UNESCO – United Nations Educational, Scientific and Cultural Organization. **Declaração Mundial sobre Educação para Todos**: satisfação das necessidades básicas de aprendizagem. Jomtien, 1990. Disponível em: <http://unesdoc.unesco.org/images/0008/000862/086291por.pdf>. Acesso em: 4 jun. 2020.

UNESCO – United Nations Educational, Scientific and Cultural Organization. **Declaração Universal dos Direitos Humanos**. 1948. Disponível em: <http://unesdoc.unesco.org/images/0013/001394/139423por.pdf>. Acesso em: 4 jul. 2020.

VÉLEZ, D. Matemáticas com Numicon: In: VÉLEZ, D. **Grammazzle**. 8 nov. 2013. Disponível em: <http://grammazzle.blogspot.com/2013/11/matematicas-con-numicon.html>. Acesso em: 4 jul. 2020.

VIGOTSKY, L. S. **A construção do pensamento e da linguagem**. São Paulo: M. Fontes, 2010.

VIGOTSKY, L. S. **A formação social da mente**. São Paulo: M. Fontes, 1984.

WHALON, K. J.; OTAIBA, S. A.; DELANO, M. E. Instrução de leitura baseada em evidência para indivíduos com transtorno do espectro autista. **Focus on Autism and Other Developmental Disabilities**, v. 24, n. 1, 2009.

Bibliografia comentada

ARMSTRONG, T. **Inteligências múltiplas na sala de aula**. 2. ed. Porto Alegre: Artmed, 2001.
Nessa obra, o autor propõe uma discussão sobre as diferentes formas de aprendizagem e seus estilos, auxiliando os educadores a refletirem sobre como aplicar a teoria das inteligências múltiplas em sala de aula.

BRASIL. Ministério da Educação. Secretaria de Educação Especial. **Marcos político-legais da educação especial na perspectiva da educação inclusiva**. Brasília, DF, 2010.
Considerando fundamental o estudo dos documentos (leis, decretos, diretrizes, planos, resoluções) que regem os direitos e deveres da sociedade no que se refere à educação especial e inclusiva, recomendamos a leitura dessa publicação, que apresenta marcos político-legais e pedagógicos para a promoção da inclusão educacional. Por meio de leis e decretos, é possível conhecer o histórico da política nacional de educação especial na perspectiva da educação inclusiva.

OLIVEIRA, P. de. **As práticas de letramento da família e as dificuldades de aprendizagem**: perspectivas para o debate. 93 f. Dissertação (Mestrado em Educação Especial) – Universidade Federal de São Carlos, São Carlos, 2011.
Essa dissertação é interessante porque amplia o entendimento da relação entre família, escola e aprendizagem da

leitura e da escrita no universo dos alunos. Nela, são discutidas as principais concepções de aprendizagem e alfabetização e letramento, bem como as dificuldades de aprendizagem e atividades realizadas no contexto escolar, com relatos da pesquisa que contribuem muito com a formação do leitor.

QUADROS, R. M. de; SCHMIEDT, M. L. P. **Ideias para ensinar português para alunos surdos**. Brasília, DF: MEC/Seesp, 2006. Disponível em: <http://portal.mec.gov.br/seesp/arquivos/pdf/port_surdos.pdf>. Acesso em: 4 jul. 2020.

Desenvolver o ensino da língua portuguesa para aprendizes surdos é o foco principal desse livro, que para isso apresenta várias propostas, como jogos e brincadeiras, norteando o trabalho do professor em sala de aula.

SASSAKI, R. K. **Inclusão**: construindo uma sociedade para todos. 2. ed. Rio de Janeiro: WVA, 1997.

Nessa obra, o autor discute a inclusão social de pessoas que apresentam deficiências (em caráter temporário ou permanente) e aborda a inclusão para além da escola, como na saúde, no mercado de trabalho, nos esportes etc. Ele também discute o desenho universal e as políticas de integração e inclusão.

STAINBACK, S.; STAINBACK, W. **Inclusão**: um guia para educadores. Porto Alegre: Artmed, 1999.

Esse livro é um guia voltado para educadores com o objetivo de ajudá-lo a desenvolver práticas para o processo de inclusão produtivo em sala de aula no relacionamento entre professores e alunos. Para além de um simples guia, trata de questões extremamente relevantes para quem deseja se aprofundar nas discussões sobre inclusão e suas práticas.

SILVA, W. M. da; LACET, R. G. da C. Ação docente com o *blog* pedagógico "Linguagens e leitura". **Hipertextus Revista Digital**, Recife, v. 18, p. 69-87, jun. 2018. Disponível em: <http://www.hipertextus.net/volume18/Art5Vol18.pdf>. Acesso em: 4 jun. 2020.

Esse artigo busca discutir as novas tecnologias relacionadas às ações do professor por meio do uso de *blogs* com cunho pedagógico, favorecendo o trabalho colaborativo e resistente firmado pelo uso da tecnologia, ressaltando a diversidade do trabalho do docente.

SOARES, M. **Alfabetização e letramento**. 7. ed. São Paulo: Contexto, 2017.

Escrito por uma das maiores especialistas brasileiras em alfabetização, trata-se de um livro essencial para a reflexão sobre a alfabetização e letramento no país. Ele traz discussões sobre alfabetização escolar no Brasil por meio de um olhar histórico, e uma discussão sobre o ensino da língua portuguesa e as dificuldades dos alunos no processo de aprendizagem da língua escrita. Além disso, analisa diferentes textos produzidos por alunos e sugere metodologias funcionais e aborda o trabalho de alfabetização e letramento na educação infantil sugerindo atividades práticas.

Anexos

Anexo 1 – Coletânea de textos referentes à educação especial e inclusiva

Constituição Federal – 1988

> **Art 206.** O ensino será ministrado com base nos seguintes princípios:
> I. igualdade de condições para o acesso e permanência na escola.
> [...]
> **Art 208.** O dever do Estado com a educação será efetivado mediante a garantia de:
> [...]
> III – atendimento educacional especializado aos portadores de deficiência, preferencialmente na rede regular de ensino.
>
> Fonte: Brasil, 1988.

Lei 7.853, de 24 de outubro de 1989

> Dispõe sobre o apoio às pessoas portadoras de deficiência, sua integração social, sobre a Coordenadoria Nacional para Integração da Pessoa Portadora de Deficiência – Corde, institui a tutela jurisdicional de interesses coletivos ou difusos dessas pessoas, disciplina a atuação do Ministério Público, define crimes, e dá outras providências.

Art. 1º Ficam estabelecidas normas gerais que asseguram o pleno exercício dos direitos individuais e sociais das pessoas portadoras de deficiências, e sua efetiva integração social, nos termos desta Lei.

Art. 2º Ao Poder Público e seus órgãos cabe assegurar às pessoas portadoras de deficiência o pleno exercício de seus direitos básicos, inclusive dos direitos à educação, à saúde, ao trabalho, ao lazer, à previdência social, ao amparo à infância e à maternidade, e de outros que, decorrentes da Constituição e das leis, propiciem seu bem-estar pessoal, social e econômico.

Parágrafo único. Para o fim estabelecido no caput deste artigo, os órgãos e entidades da administração direta e indireta devem dispensar, no âmbito de sua competência e finalidade, aos assuntos objetos esta Lei, tratamento prioritário e adequado, tendente a viabilizar, sem prejuízo de outras, as seguintes medidas:

I – na área da educação:

[...]

c) a oferta, obrigatória e gratuita, da Educação Especial em estabelecimento público de ensino;

[...]

e) o acesso de alunos portadores de deficiência aos benefícios conferidos aos demais educandos, inclusive material escolar, merenda escolar e bolsas de estudo;

[...]

Fonte: Brasil, 1989.

Estatuto da Criança e do Adolescente – Lei n. 8.069, de 13 de julho de 1990

Art. 54. É dever do Estado assegurar à criança e ao adolescente:
[...]
III – atendimento educacional especializado aos portadores de deficiência, preferencialmente na rede regular de ensino;
[...]
Art. 55. Os pais ou responsável têm a obrigação de matricular seus filhos ou pupilos na rede regular de ensino.
[...]

Fonte: Brasil, 1990.

Declaração Mundial sobre Educação para Todos: satisfação das necessidades básicas de aprendizagem, Jomtien, 1990

ARTIGO 3
UNIVERSALIZAR O ACESSO À EDUCAÇÃO E PROMOVER A EQUIDADE
1. A educação básica deve ser proporcionada a todas as crianças, jovens e adultos. Para tanto, é necessário universalizá-la e melhorar sua qualidade, bem como tomar medidas efetivas para reduzir as desigualdades.
[...]
5. As necessidades básicas de aprendizagem das pessoas portadoras de deficiências requerem atenção especial. É preciso tomar medidas que garantam a igualdade de acesso à educação aos portadores de todo e qualquer tipo de deficiência, como parte integrante do sistema educativo.
[...]

> Nós, os participantes da Conferência Mundial sobre Educação para Todos, reafirmamos o direito de todos à educação. Este é o fundamento de nossa determinação individual e coletiva – assegurar educação para todos.

Fonte: Unesco, 1990.

Declaração de Salamanca

> Nós, os delegados da Conferência Mundial de Educação Especial, representando 88 governos e 25 organizações internacionais em assembleia aqui em Salamanca, Espanha, entre 7 e 10 de junho de 1994, reafirmamos o nosso compromisso para com a Educação para Todos, reconhecendo a necessidade e urgência do providenciamento de educação para as crianças, jovens e adultos com necessidades educacionais especiais dentro do sistema regular de ensino e reendossamos a Estrutura de Ação em Educação Especial, em que, pelo espírito de cujas provisões e recomendações governo e organizações sejam guiados.

Fonte: Brasil, 1994a.

Política Nacional de Educação Especial

> Em movimento contrário ao da inclusão, demarca retrocesso das políticas pública ao orientar o processo de "integração instrucional" que condiciona o acesso às classes comuns do ensino regular àqueles que "possuem condições de acompanhar e desenvolver as atividades curriculares programadas do ensino comum, no mesmo ritmo que os alunos ditos normais".

Fonte: Brasil, 1994b.

Lei das Diretrizes e Bases da Educação Nacional – Lei n. 9.394, de 20 de dezembro de 1996

CAPÍTULO V

DA EDUCAÇÃO ESPECIAL

Art. 58. Entende-se por educação especial, para os efeitos desta Lei, a modalidade de educação escolar oferecida preferencialmente na rede regular de ensino, para educandos com deficiência, transtornos globais do desenvolvimento e altas habilidades ou superdotação.

§ 1º Haverá, quando necessário, serviços de apoio especializado, na escola regular, para atender às peculiaridades da clientela de educação especial.

§ 2º O atendimento educacional será feito em classes, escolas ou serviços especializados, sempre que, em função das condições específicas dos alunos, não for possível a sua integração nas classes comuns de ensino regular.

[...]

Art. 59. Os sistemas de ensino assegurarão aos educandos com deficiência, transtornos globais do desenvolvimento e altas habilidades ou superdotação:

I – currículos, métodos, técnicas, recursos educativos e organização específicos, para atender às suas necessidades;

II – terminalidade específica para aqueles que não puderem atingir o nível exigido para a conclusão do ensino fundamental, em virtude de suas deficiências, e aceleração para concluir em menor tempo o programa escolar para os superdotados;

III – professores com especialização adequada em nível médio ou superior, para atendimento especializado, bem como professores do ensino regular capacitados para a integração desses educandos nas classes comuns;

IV – educação especial para o trabalho, visando a sua efetiva integração na vida em sociedade, inclusive condições adequadas para os que não revelarem capacidade de inserção no trabalho competitivo, mediante articulação com os órgãos oficiais afins, bem como para aqueles que apresentam uma habilidade superior nas áreas artística, intelectual ou psicomotora;

V – acesso igualitário aos benefícios dos programas sociais suplementares disponíveis para o respectivo nível do ensino regular.

Art. 59-A O poder público deverá instituir cadastro nacional de alunos com altas habilidades ou superdotação matriculados na educação básica e na educação superior, a fim de fomentar a execução de políticas públicas destinadas ao desenvolvimento pleno das potencialidades desse alunado.

Parágrafo único. A identificação precoce de alunos com altas habilidades ou superdotação, os critérios e procedimentos para inclusão no cadastro referido no **caput** deste artigo, as entidades responsáveis pelo cadastramento, os mecanismos de acesso aos dados do cadastro e as políticas de desenvolvimento das potencialidades do alunado de que trata o **caput** serão definidos em regulamento.

Fonte: Brasil, 1996.

Decreto n. 3.298, de 20 de dezembro de 1999

Regulamenta a Lei n. 7.853, de 24 de outubro de 1989, dispõe sobre a Política Nacional para a Integração da Pessoa Portadora de Deficiência, consolida as normas de proteção, e dá outras providências.

Fonte: Brasil, 1999a.

Resolução CNE/CEB n. 2, de 11 de setembro de 2001

Art 2º Os sistemas de ensino devem matricular todos os alunos, cabendo às escolas organizar-se para o atendimento aos educandos com necessidades educacionais especiais, assegurando as condições necessárias para uma educação de qualidade para todos.

Fonte: Brasil, 2001b.

Plano Nacional de Educação – PNE, Lei n. 10.172, de 9 de janeiro de 2001

EDUCAÇÃO ESPECIAL

Diagnóstico

A Constituição Federal estabelece o direito de as pessoas com necessidades especiais receberem educação preferencialmente na rede regular de ensino (art. 208, III). A diretriz atual é a da plena integração dessas pessoas em todas as áreas da sociedade. Trata-se, portanto, de duas questões – o direito à educação, comum a todas as pessoas, e o direito de receber essa educação sempre que possível junto com as demais pessoas nas escolas "regulares".

[...]

Fonte: Brasil, 2000.

Convenção da Organização dos Estados Americanos

CONVENÇÃO INTERAMERICANA PARA A ELIMINAÇÃO DE TODAS AS FORMAS DE DISCRIMINAÇÃO CONTRA AS PESSOAS PORTADORAS DE DEFICIÊNCIA OS ESTADOS PARTES NESTA CONVENÇÃO

Reafirmando que as pessoas portadoras de deficiência têm os mesmos direitos humanos e liberdades fundamentais que outras pessoas e que estes direitos, inclusive o direito de não ser submetidas a discriminação com base na deficiência, emanam da dignidade e da igualdade que são inerentes a todo ser humano;

[...]

Fonte: Brasil, 2020a.

Grafia braille para a língua portuguesa – Aprovada pela portaria n. 2.678, de 24 de setembro de 2002

Art. 2º Colocar em vigência, por meio de seu órgão competente, a Secretaria de Educação Especial – SEESP, as disposições administrativas necessárias para dar cumprimento à presente Portaria, especialmente no que concerne à difusão e à preparação de recursos humanos com vistas à implantação da Grafia Braille para a Língua Portuguesa em todo o território nacional.

Fonte: Brasil, 2006b.

Decreto n. 5.296, de 2 de dezembro de 2004

Regulamenta as Leis n. 10.048, de 8 de novembro de 2000, que dá prioridade de atendimento às pessoas que especifica, e 10.098, de 19 de dezembro de 2000, que estabelece normas gerais e critérios básicos para a promoção da acessibilidade das pessoas com deficiência ou com mobilidade reduzida, e dá outras providências [implementação do Programa Brasil Acessível].

Fonte: Brasil, 2004a.

Respostas

Capítulo 1

Atividades de autoavaliação

1. d
2. a
3. b
4. c
5. e

Capítulo 2

Atividades de autoavaliação

1. c
2. b
3. d
4. c
5. a

Capítulo 3

Atividades de autoavaliação

1. b
2. c
3. b
4. a
5. c

Capítulo 4

Atividades de autoavaliação

1. b
2. b
3. b
4. d
5. c

Capítulo 5

Atividades de autoavaliação

1. b
2. a
3. c
4. a
5. a

Sobre as autoras

Ana Paula Xisto Costa Lima é graduada em Letras pela Universidade Tuiuti do Paraná (UTP) e graduanda em Pedagogia no Centro Universitário Internacional Uninter. Tem especialização em Administração Escolar pelo Centro Universitário FAE, em Pedagogia Empresarial pelo Centro Universitário Uninter e em Metodologia do Ensino Superior pelo Instituto Brasileiro de Pós-Graduação e Extensão (Ibpex). Mestre em Engenharia de Produção na área de concentração de mídia e conhecimento e ênfase em Tecnologia Educacional pela Universidade Federal de Santa Catarina (UFSC). É professora-tutora em cursos de EaD pela Editora Positivo.

Renata Burgo Fedato é graduada em Pedagogia pela Universidade Tuiuti do Paraná (UTP) e em Letras pelo Centro Universitário Internacional Uninter. Tem especialização em Alfabetização e Letramento pela Universidade Católica do Paraná (PUCPR). É mestre em Educação também pela PUCPR e doutoranda em Educação pela UTP. Atualmente é professora do Centro Universitário Internacional Uninter, atuando como professora nos cursos de graduação da área de educação e também na área de Educação de Jovens e Adultos (EJA).

Impressão:
Junho/2020